GÉNÉALOGIE

DE LA

FAMILLE AMAT

1890

GÉNÉALOGIE

DE LA

FAMILLE AMAT

1890

Tiré à cent exemplaires.

———————

Grenoble. — F. ALLIER PÈRE ET FILS, imprimeurs, Grande-Rue, 8

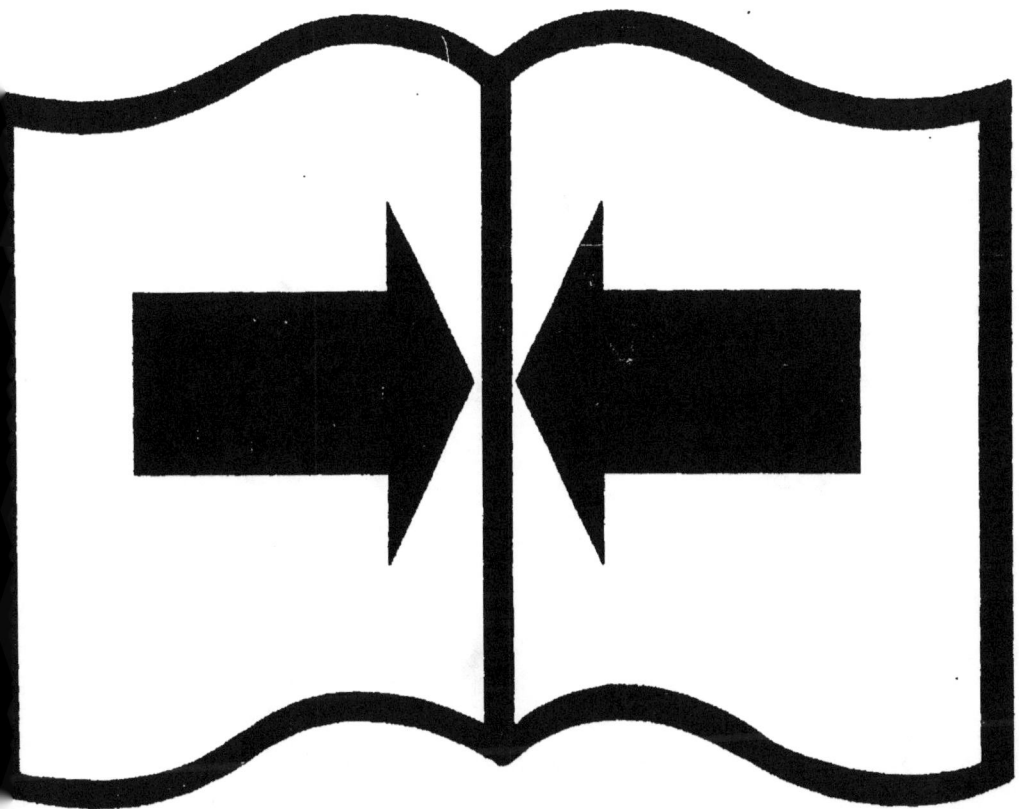

Reliure serrée

NOTE PRÉLIMINAIRE

La famille AMAT, comme semble l'indiquer son nom, *Amatus* (Aimé), doit être d'origine gallo-romaine et non germanique; on trouve du reste ce nom répandu assez communément à une époque très ancienne dans le midi de la France.

Un ermite nommé *Amatus* fonda, au v⁰ siècle, le petit monastère de Saint-Laurent de Grenoble, et mourut dans l'abbaye de Luxeuil, en Bourgogne; ses vertus le firent placer au nombre des saints[1]. Un peu plus tard un grand seigneur qui portait le même nom fut honoré par Gontran, roi des Bourguignons, du titre de *patrice;* ayant été mis à la tête d'une armée envoyée pour repousser les Lombards qui avaient fait irruption dans les Alpes, il fut vaincu et perdit la vie dans le combat, en 571[2]. Dans les siècles suivants, le nom d'Amat continue à être porté par de grands seigneurs. Reinard Amat, chevalier, était, en 1070, l'un des familiers de Guigues, comte d'Albon, de la famille dont les membres prirent plus tard le titre de Dauphins de Viennois, et il

---

[1] *Bollandistes,* 13 septembre.
[2] GRÉGOIRE DE TOURS. *Histoire des Francs,* liv. IV, chap. 42.

eut l'honneur de paraître comme témoin dans son contrat de mariage avec Agnès, fille du comte de Provence[1]. Enfin, Bernard Amat, coseigneur de Montserein, en Languedoc, prêta hommage, le 6 août 1134, à Bernard Athon, vicomte de Carcassonne, pour cette terre qui relevait de lui[2].

Ces exemples sont donnés comme preuve de l'ancienneté du nom d'Amat dans le sud-est de la France, mais il est impossible, bien entendu, de rattacher les divers personnages dont il vient d'être question, à la famille Amat actuelle, dont la généalogie ne peut être régulièrement commencée avant l'année 1280.

Outre la famille Amat de Provence et Dauphiné, trois autres ont joué un certain rôle; ce sont :

Les Amat d'Espagne qui ont donné à ce royaume un vice-roi du Mexique, plusieurs évêques et un théologien renommé, don Félix Amat, abbé de Saint-Ildefonse, archevêque *in partibus* de Palmyre, membre du conseil du roi, né en 1750, mort en 1824. Les armoiries de cette famille diffèrent de celles des Amat de France; elle est établie en Espagne au moins depuis le xvie siècle, et rien n'autorise à la rattacher à celle dont la généalogie va suivre.

Les Amat de Sardaigne, marquis de San Felippo e Sorso, qui ont eu l'honneur de donner naissance à Monseigneur Louis Amat, évêque de Préneste, légat du pape dans les Romagnes, cardinal de la sainte église romaine, doyen du sacré collège, mort le 30 mars 1878, à l'âge de quatre-vingt-deux ans. Son neveu, le marquis Pierre Amat, a publié quelques travaux estimables sur l'histoire de la géographie. Cette famille porte, à une brisure près *(une mer d'argent en pointe)*, les mêmes armoiries que les Amat du Dauphiné; elle se croit originaire

---

[1] Archives des Bouches-du-Rhône, B, 276. J. ROMAN. Deux chartes dauphinoises inédites du xie siècle.

[2] Chambre des comptes du Languedoc.

le France, mais ne peut donner les preuves de cette origine. Le cardinal Amat a toujours considéré les Amat de France comme ses cousins.

Les Amat d'Auvergne, famille de laquelle est issu un journaliste, entré, il y a quelques années, dans l'administration. Elle porte les mêmes armoiries que les Amat du Dauphiné, avec adjonction en pointe d'une tête de loup et d'une hure de sanglier affrontées. Ils ne connaissent pas l'origine de leur famille ; il est de tradition qu'elle vient du Dauphiné, mais nous n'avons pu découvrir le point de jonction avec les Amat de cette province.

Nous n'aborderons donc pas la généalogie de ces trois familles Amat d'Espagne, de Sardaigne et d'Auvergne, et nous nous contenterons de rechercher l'origine et la descendance de celle qui, depuis 1280, est fixée en Provence et, depuis la fin du xve siècle, en Dauphiné ; nous ferons usage, pour cela, des documents authentiques qui sont encore entre les mains de ses membres, ou dans quelques autres dépôts d'archives.

ALLIANCES

AGAR DE PUYRICARD. De gueules à une molette d'éperon d'argent, au chef cousu d'azur à la croisette tréflée d'or.

AGOULT (D'). D'or au loup ravissant d'azur, armé et lampassé de gueules.

ALLARD. D'or au chevron de sable, accompagné en chef de trois étoiles d'azur rangées et en pointe d'un croissant de gueules.

AMY. D'azur au buste de femme d'argent à longs cheveux, nu et de face.

AUGIER.

AURELLE (D'). D'or à la tête d'aigle de sable.

BALLAY.

BALBE DE BRETON DE CRILLON (DE). D'argent à cinq cotices d'azur.

BOIS. D'azur à l'arbre arraché d'or accompagné en chef de deux étoiles de même.

BOISSET. D'azur au chevron d'or, accompagné en chef de deux étoiles et en pointe d'un croissant de même, au chef de gueules chargé d'une étoile d'or entre deux roses d'argent et séparé de l'écu par un filet d'or.

BONNET.

BONTOUX. De gueules à un losange d'or chargé d'un trèfle la queue tortillée de sinople.

BOSC.

BOUQUIN DE PRAMURE. De gueules à deux pals fascés d'or et de sable de six pièces.

BRUNEL (DE). Parti au premier de gueules au lion d'or, au deuxième d'or à trois tourteaux d'azur rangés en fasce.

BRUNET. D'argent au phénix de sable sur un nid de même, au haut d'une colline de sinople, au premier canton du chef un demi-soleil d'or.

CADENET (DE). D'azur à trois chaînes d'argent en bande.

CARELLE.

CASTELLANE (DE). De gueules au château à trois tours d'or.

CHAUVET.

CHOUART DE BUZENVAL (DE). D'or au chevron d'azur, accompagné de trois mer-
lettes de sable.

CLARI (DE). D'azur à la fasce d'argent, accompagnée de trois soleils d'or.

COLLOMBON.

CUCURON (DE).

CUISSIER.

DIODÉ (DE). Fascé d'or et de gueules de sept pièces.

DOURBES (DE).

DOUSSOULIN.

DOUX.

EMPEREIRE.

ESPIÉ. De. . . à trois colombes tenant un rameau dans leur bec, deux et une.

FABRE.

FLOUR. D'azur à six coquilles d'argent posées en orle, à l'écu de même en cœur,
chargé de trois chevrons d'azur.

FORBIN (DE). D'or au chevron d'azur, accompagné de trois têtes de lion de face,
deux et une, de sable.

FRANCOU. D'azur au chevron d'argent, accompagné de trois gerbes de blé d'or,
deux et une.

FUSIER (DE). D'azur à trois fusées d'or, deux et une.

GALLIN DE MORNAS. D'azur au coq d'argent, crêté, barbé et onglé de gueules.

GARCIN. D'or à la bande de gueules, chargée de trois têtes de loup d'argent.

GARCIN.

GAUVILLE (DE). De gueules au chef d'hermine.

GAVAUDAN (DE). Parti au premier d'argent à la croix de sable, au deuxième de
gueules au sanglier courant d'argent.

GERVASY (DE). D'azur à un chevron d'argent, accompagné en pointe d'un croissant
de même.

GLANDEVEZ (DE). Fascé d'or et de gueules de sept pièces.

GRAS DE PRÉGENTIL (DE). D'azur au lion d'or armé et lampassé de gueules, à
trois bandes d'argent brochant sur le tout.

GRIMAUD (DE). Losangé d'argent et de gueules.

ICARD DE PÉRIGNAN. D'azur à un lion d'or tenant de ses deux pattes une lance de
même posée en pal.

Isaac.

Jaquemet. D'argent à la bande de gueules, accompagnée de deux geais ou jacques de même.

Joannis (de). D'or au lion de sable, armé et lampassé d'argent, au chef d'azur chargé de trois étoiles d'or.

Julien.

Lantois. D'or à un noyer de sinople fruité au naturel, mouvant d'un croissant de même.

Le Maire. D'or au lion de sable, tenant entre ses pattes de devant un écusson de gueules.

Le Masson. De gueules au chevron d'or surmonté d'un croissant d'argent, à la fasce d'argent brochant sur le tout.

Luc. D'or à une forêt de sinople surmontée d'une étoile de gueules.

Maguet.

Marquis. D'argent à un cœur de gueules becqueté par deux oiseaux de même.

Martin.

Meissonnier. De gueules à deux gerbes de blé d'argent, au croissant de même en pointe, au chef d'or chargé de trois étoiles d'azur.

Meyère.

Morel. D'azur au chevron d'or, accompagné en chef de deux trèfles et en pointe d'une ancre de même.

Morerus (de). D'or à un cœur de gueules soutenu de deux mures au naturel inclinées en chevron, au chef d'azur chargé de trois étoiles d'or.

Moustiers (de). D'azur au lion d'or armé et lampassé de même.

Novel. Parti au premier d'or à l'aigle à deux têtes de sable les ailes éployées, couronné de gueules ; au deuxième d'azur au pal contourné d'argent.

Olive. D'or à la fasce de gueules, accompagnée de trois branches d'olivier de sinople, deux et une.

Peise. D'azur à un poisson d'argent en fasce, au chef cousu d'azur chargé de trois étoiles d'or.

Pellat.

Perier (du). D'azur à la bande d'or, accompagnée au deuxième canton du chef d'une tête de lion d'argent, couronnée de même, lampassée de gueules, à la bordure engrelée d'argent.

Picat.

Pinet de Mantéyer. D'argent au pin de sinople.

Plauchard.

PRUNELLE. D'argent au chevron d'azur, accompagné de trois croisettes tréflées de même.

RAYER.

RICOU (DE). D'or au croissant d'azur duquel sortent trois branches de laurier de sinople, au chef de gueules.

RISPAUD. Parti au premier d'or à l'éléphant de gueules, au deuxième de sable au pal d'argent.

ROLLAND. De gueules au lion d'argent, accompagné en chef de deux croissants de même.

ROMAN. D'azur au chevron échiqueté d'or et de gueules, accompagné de trois grenades d'or, deux et une.

SALVADOR (DE). D'azur à un arbre sur une terrasse d'or, accompagné de chaque côté d'un cerf de même en forme de support et en chef de trois étoiles rangées, de même.

SCARRON. D'azur à la bande bretessée d'or.

SOUCHON (DE). De gueules au lion d'or, au chef cousu d'azur chargé d'une rose d'argent entre deux étoiles d'or.

TARASCON. D'azur à cinq fasces d'or, chargées chacune de trois quatre feuilles de gueules.

TIREMENT (DE). D'azur au chevron d'or, accompagné de trois étoiles de même, deux et une.

VALAVOIRE (DE). Écartelé aux 1 et 4 de sable au faucon d'argent lié de gueules, aux 2 et 3 de gueules plein.

VALLIN (DE). De gueules à la bande componée d'argent et d'azur de six pièces.

VIGNON (DE). D'or à trois fasces d'azur chargées la première de trois, la seconde de deux, la troisième d'une quintefeuille d'argent.

YSNARD.

GÉNÉALOGIE

I.

UIS AMAT, seigneur de Puivert, du Puget et Roque d'Antheron, coseigneur de Lauris en Provence, habitant Cadenet. Il fonda dans l'église paroissiale de ce lieu la chapelle de Saint-Étienne ; il fit son testament le 30 mars 1280 et élut sa sépulture dans la chapelle qu'il avait fondée.

Il avait épousé AMASIE dont le nom de famille n'est pas connu et qui lui survécut.

De ce mariage il eut quatre enfants.

BERNARD, qui suit.

RAYMOND, qui hérita par le testament de son père de tous les biens qu'il possédait à Saint-Remy, au diocèse d'Avignon. Il fonda dans l'église paroissiale de Cadenet une chapelle dédiée à saint Michel.

AGNÈS, qui hérita par le testament de son père de 100 florins d'or outre sa dot. Elle avait épousé *Henri de Moreriis,* seigneur de Château-Renard.

JEANNE, qui hérita par le testament de son père de 1,000 florins d'or pour lui être délivrés le jour de son mariage.

II.

RNARD AMAT, seigneur de Puivert, Roque d'Antheron, coseigneur du Puget, de Lauris et de Lambesc, habitant Cadenet. On ignore la date de sa mort; il élut sa sépulture dans la chapelle de Saint-Michel de Cadenet, fondée par son frère *Raymond.*

Il avait épousé MADELEINE dont on ne connaît pas le nom de famille.

De ce mariage il eut un fils.

III.

1299-1349.　BERNARD AMAT, seigneur de Puivert, Roque d'Antheron, coseigneur de Lauris, du Puget et de Lambesc, habitant Cadenet. Il fit son testament, le 20 janvier 1349 (1350) et élut sa sépulture dans la chapelle de Saint-Michel de Cadenet, fondée par son oncle *Raymond*.

Il avait épousé le 19 janvier 1299 (1300), LUCRÈCE DE DOURBES, fille du seigneur de Dourbes et Moustiers, qui vivait encore en 1350 et à laquelle il laissa par son testament un douaire important.

De ce mariage il eut deux fils :

1º FERRARE, qui suit.

2º HUGUES, qui hérita par le testament de son père de 1,000 livres et de la moitié de la seigneurie de Lauris. Il fut en outre substitué par ce même testament à son frère aîné dans le cas où lui ou ses héritiers mourraient sans enfants.

IV.

1349-1392.　FERRARE AMAT, seigneur de Puivert, Roque d'Antheron, Lambesc, Lauris, du Puget et Rognes. Il prêta hommage, le 9 mars 1351 (1352), entre les mains de Raymond d'Agoult, comte de Sault, et grand-sénéchal de Provence, représentant de roi de Naples, comte de Provence, pour tous ses fiefs, *more nobilium*. Il transigea le 15 décembre 1352 avec Pierre de Lamanon, seigneur de Rognes, par l'entremise de Jacques de l'Aube de Roquemartine, au sujet de leurs droits réciproques dans les seigneuries de Rognes et Lambesc. Comme son père, il habitait Cadenet et il y testa le 7 mars 1392 (1393); il élut sa sépulture comme ses ancêtres dans la chapelle de Saint-Michel de Cadenet.

Il épousa, le 25 avril 1352, LUCRÈCE DE CUCURON, fille d'Hugues, seigneur de Cucuron, qui vivait encore en 1393 et à laquelle il constitua un douaire par son testament.

De ce mariage il eut quatre enfants :

1º PIERRE, qui suit.

2º ARNAUD, qui hérita en vertu du testament de son père de 2,000 florins d'or.

3º ROBERT, qui hérita d'une semblable somme. Ni lui ni son frère qui le précède n'avaient encore quinze ans en 1393.

4º PLAISANCE (*Plesentia*), qui hérita en vertu du même testament de 3,000 florins d'or à recevoir le jour de son mariage.

V.

►IERRE AMAT, seigneur de Puivert et du Puget, coseigneur de Lambesc. Il avait à peine vingt ans quand il fut en Languedoc sergent d'armes sous les ordres de Louis, duc d'Anjou et d'Orléans, frère, du roi de France, et il toucha à ce titre, le 17 avril 1372, deux cents francs d'or pour la solde de sa troupe. Il testa le 16 mars 1446 (1447), à l'âge de quatre-vingt-quinze ans environ.

Il avait épousé le 10 mars 1422 (1423), CLAUDINE ou CLAUDETTE DE CADENET, fille du seigneur de Cadenet.

De ce mariage il eut un fils.

VI.

TIENNE AMAT, seigneur du Puget, de Lauris et de Lambesc. Il testa le 24 janvier 1479 (1480).

Il avait épousé le 19 janvier 1459 (1460), CLAIRE D'AGOULT, fille de haut et puissant seigneur Foulquet d'Agoult, seigneur de Mison, la Tour-d'Aigues, Peypin, Volonne, Saint-Martin, Thèze, Noyers, grand-sénéchal de Provence, et de Jeanne de Boleriis.

De ce mariage il eut un fils.

VII.

ACQUES AMAT, seigneur du Puget, de Lauris et de Lambesc, coseigneur de Lazer. Il testa le 20 septembre 1511 et élut sa sépulture dans l'église de Lazer en Dauphiné.

Il avait épousé, le 29 juin 1490, CATHERINE DE MOUSTIERS, fille de Pierre de Moustiers, seigneur de Ventavon, du Monêtier-Allemont et coseigneur de Lazer, et d'Antoinette de Morges. Cette dame ayant eu pour dot une part de la seigneurie de Lazer, dont le surplus appartenait à l'évêque de Gap, JACQUES AMAT vint se fixer dans la terre de sa femme. Les consuls de Lazer l'assignèrent pour le contraindre à payer l'impôt, sous prétexte qu'il n'avait pas fait ses preuves de noblesse; mais d'un commun accord les parties consentirent, le 23 octobre 1510, à s'en remettre à la décision arbitrale d'Antoine de Morges, seigneur de l'Épine et Savournon, de Jean de la Piarre, seigneur de la Piarre, et de Pierre de Rame, seigneur du Poët. Les arbitres ayant reçu communication des titres de famille de JACQUES AMAT rendirent leur sentence le 15 novembre 1510 et le maintinrent dans sa noblesse. CATHERINE DE MOUSTIERS était encore vivante en 1511.

De ce mariage il eut trois fils :

1° ÉTIENNE, qui suit :

2° PIERRE, qui suivra, auteur de la branche de Cadenet.

3° MATHIEU, qui suivra, auteur de la branche du Lauza.

VIII.

1511-1558. ÉTIENNE AMAT, sieur de la Palud, coseigneur de Lazer, hérita par le testament de son père des biens qu'il possédait en Dauphiné. Il testa le 17 février 1558 (1559) et élut sa sépulture dans l'église paroissiale de Lazer comme son père.

Il avait épousé, par contrat du 14 mai 1541, MARGUERITE DE CLARI, fille de noble Pierre de Clari, de Ventavon ; elle vivait encore en 1559.

De ce mariage il eut trois fils :

1° CLAUDE, qui suit :

2° JACQUES, qui suivra, auteur de la branche de Savines.

3° JEAN, qui fut héritier universel de son père ainsi que Jacques son frère.

IX.

1558-1633. CLAUDE AMAT, sieur de Costegiraud, à Upaix. Il fut déshérité, sauf une somme de 200 florins, par son père, mais hérita au contraire des biens maternels qui constituaient la plus grande partie de la fortune de la famille. Il fut d'abord cadet dans une compagnie de soldats, puis fit son droit à Grenoble et se fixa à Lazer où il acquit une étude de notaire dont il fut titulaire de 1584 à 1593, au moins, puis il entra dans les fermes royales. En 1632 il demanda à être réhabilité et l'obtint par lettres-patentes du roi Louis XIII du 31 décembre de cette même année, entérinées après sa mort par le Parlement de Provence le 10 juin 1634, conformément à une délibération des consuls d'Upaix du 29 janvier 1633. A sa mort il était conseiller du roi et lieutenant en l'élection des Montagnes. Il testa le 4 février 1633 et élut sa sépulture dans l'église paroissiale de Lazer.

Il épousa en premières noces CLAUDONNE MEYÈRE, dont nous n'avons plus le contrat de mariage, et en secondes CLAUDINE DE GRIMAUD, fille de noble Pierre de Grimaud, et de Louise de Grimaud, de Ventavon, par contrat du 25 avril 1580. Cette dame vivait encore en 1633.

De son premier mariage il eut un fils :

1° ANDRÉ, auteur de la branche de Costegiraud, qui suivra.

De son second mariage il eut quatre fils :

> Jacques, qui suit.
> Benoit, qui suivra, auteur de la branche de Chabestan.
> Antoine, qui suivra, auteur de la branche de Gravéson.
> Claude, qui hérita de son père d'une somme de 4,000 livres. Il entra dans les ordres et fut, de 1633 au moins au mois de février 1665, date de son testament, prévôt de Chardavon, petite abbaye, près de Sisteron, sous la règle de Saint-Augustin.

X.

ACQUES AMAT, sieur de Pierrelanes (1634), seigneur engagiste d'Upaix (1635), seigneur de Montalquier (1638), Rabou et Chaudun (1639), baron du Poët (1640), d'Avançon (1660) et de Châteaurenard. Il fut d'abord châtelain d'Upaix et syndic des communautés villageoises du Dauphiné (1624-1628), puis capitaine à Upaix (1630), puis lieutenant du roi à Chateaudauphin (1633). Dès 1625, il s'était associé avec ses trois frères André, Benoît et Antoine, pour exploiter en commun les charges de trésoriers de l'élection de Gap et de l'extraordinaire des guerres ; puis il alla à Paris et prit des intérêts considérables dans les fermes du roi, fut reçu maître d'hôtel du roi le 14 octobre 1646, conseiller d'État le 6 octobre 1647, conseiller et secrétaire du roi, maison et couronne de France et de ses finances le 15 septembre 1650 et fermier général. Il testa le 21 mai 1660 et fit un codicille le lendemain 22 mai ; il mourut le 25 du même mois dans son hôtel de la rue de la Grande-Écurie et fut enseveli dans l'église Saint-Germain-l'Auxerrois. Il avait fait une immense fortune. Son portrait est peint dans l'église d'Upaix sur un tableau dont il fut le donateur.

Il avait épousé ÉLISABETH DE SOUCHON DE BELLEVUE, à laquelle il laissa, par son testament, dix mille livres de rente viagère outre les avantages qui lui étaient assurés par son contrat de mariage que nous ne possédons plus. Elle testa le 10 décembre 1662 à Paris. Sa famille était originaire de Chorges. Elle vivait encore en 1678.

Jacques Amat laissa de ce mariage cinq enfants :

> Claude-Noel, qui suit.
> Pierre, seigneur de Montalquier, qui hérita de son père de cette seigneurie, de domaines à Sigoyer, Chorges et Romette, de la seigneurie de Chaudun, de créances sur son oncle *Benoît Amat* et d'une somme de cent cinquante mille livres. Il fut d'abord capitaine dans le régiment de cavalerie de Mazarin, puis il fut nommé, en remplacement de son père, lieutenant du roi à Châteaudauphin par lettres patentes du 27 août 1660, et mourut en 1670, à peine âgé de trente ans, faisant ses sœurs ses héritières.
> Marie, à laquelle son père légua par son testament deux cent quarante mille

3

livres y compris sa dot. Elle épousa le 6 octobre 1652, à Paris, messire *François-Auguste de Valavoire*, seigneur de Volx, terre érigée en marquisat en novembre 1652, maistre de camp (1648), puis maréchal de camp (1650), gouverneur de Sisteron et Dampvilliers, nommé lieutenant-général des armées du roi le 1er juillet 1655, mort le 2 avril 1694. Mme de Sévigné parle plusieurs fois, dans sa correspondance, de *Madame de Valavoire*. MARIE AMAT fut la digne épouse d'un héros. Vers le mois de novembre 1656, la ville de Valentia en Italie, où elle se trouvait pendant l'absence de son mari, qui avait été escorter un convoi, fut attaquée par les ennemis ; elle se mit à la tête de la garnison, entraîna le lieutenant du roi et les soldats et sauva la place. Elle testa le 16 mars 1699, et comme elle n'avait pas d'enfants, elle laissa la plus grande partie de ses biens, entre autres le marquisat de Volx, à son neveu *Balthazard Amat*. Elle mourut en décembre 1726, âgée de quatre-vingt-treize ans.

4° ANGÉLIQUE, à laquelle son père légua par son testament deux cent quarante mille livres y compris sa dot. Elle épousa, en 1662, *André Chouart,* marquis de Buzenval, fils d'Henri Chouart de Buzenval et de Marguerite Le Maistre ; il fut d'abord capitaine au régiment de Mazarin (1657), maistre de camp de cavalerie et sous-lieutenant des gens d'armes de la garde (1675), brigadier des armées du roi (1677), maréchal de camp (1688), lieutenant-général (1693), chevalier de Saint-Louis (1694). Il mourut à Paris le 19 juillet 1711.

5° FRANÇOISE, qui hérita de la même somme que ses sœurs par le testament de son père. Elle épousa, le 2 janvier 1657, *Jean de Forbin,* marquis de Pontamousson, seigneur de Solliers, Saint-Canat et Saint-Rémy, colonel du régiment de Provence, fils de Bernard de Forbin et de Désirée Le Couët, qui mourut le 15 mai 1694.

XI.

1660-1705? CLAUDE-NOEL AMAT, chevalier, seigneur et baron du Poët et de Châteaurenard, seigneur de Rabou, Chaudun et Montalquier. Il fut d'abord conseiller, secrétaire du roi, maison et couronne de France et de ses finances par résignation de son père le 5 mars 1655, puis il fut reçu le 30 juillet 1661 conseiller au parlement de Metz, succédant à Charles de Halus ; cette charge fut supprimée en 1669 et on lui remboursa vingt-deux mille livres. Il mourut vers 1705 après avoir diminué, par une mauvaise administration, la fortune que lui avait laissée son père. Son portrait, en costume de magistrat est conservé dans la famille. On trouve une notice biographique sur lui dans la *Biographie du Parlement de Metz,* par Michel (Metz, Novian, 1853, p. 3).

Il épousa, le 23 août 1678, CATHERINE LE MAIRE, fille de feu Jean Le

Maire, écuyer, conseiller secrétaire du roi maison et couronne de France et de ses finances, et de Marguerite Besnard.

De ce mariage il laissa deux fils :

» Louis-Balthazard, qui suit.

» Étienne, officier de dragons, seigneur de Montalquier, tué en 1725, en Espagne, sans avoir été marié.

XII.

Louis-BALTHAZARD AMAT, seigneur de Rabou, Chaudun et Montalquier, baron du Poët, marquis de Volx. Grâce à l'habile gestion de son tuteur sa fortune fut rétablie, mais il dut vendre, le 11 novembre 1719, la baronnie du Poët à Camille d'Hostun, maréchal et duc de Tallard. Cette perte fut compensée par l'acquisition du marquisat de Volx qui lui fut légué par *Marie Amat*, sa tante, épouse de François-Auguste de Valavoire ; il entra en possession en 1726, après la mort de cette dame, et quitta alors le Dauphiné pour se fixer à Aix en Provence. Il mourut avant le 9 juin 1740.

Il épousa, le 6 février 1707, LOUISE-ÉLISABETH DE THIREMENT, fille de Louis de Thirement, conseiller du roi et receveur des consignations, à Paris, et de Marie-Élisabeth Taillandier. Les armoiries de cette dame se voient sculptées sur le maître autel de l'église paroissiale d'Upaix qu'elle avait donné comme cadeau de noces à cette paroisse.

De ce mariage il eut cinq enfants :

1º François-Auguste, qui suit.

2º Antoine-Joseph, d'abord lieutenant dans le régiment de Tallard, puis étant entré dans les ordres, il fut choisi par Monseigneur de Jumillac, archevêque d'Arles, pour son vicaire général ; il fut également élu à la même époque archidiacre d'Arles. Enfin au mois d'avril 1757, il fut nommé évêque de Sénès, et reçut en 1760 l'abbaye de Boscodon, diocèse d'Embrun. Il consentit, en 1769, à la suppression de cette abbaye. Il mourut le 18 mars 1771 à Senès où il fut enseveli. Son portrait en costume pontifical est conservé dans la famille. Sa vie a été écrite dans l'*Histoire de Castellane* (Castellane, 1775, in-8º, p. 564) par un anonyme.

3º Pauline, qui épousa, le 4 août 1741, *Pierre-Gaspard de Glandevez-Niozelle*, fils de Gaspard de Glandevez et d'Anne de Arcussia.

4º Philis, religieuse carmélite qui fit profession le 9 juin 1740 dans le monastère de cet ordre, à Arles.

5º Marie-Élisabeth, morte sans alliance.

XIII.

1735?-1790?   FRANÇOIS-AUGUSTE AMAT, marquis de Volx.
Il épousa MARIE-HONORÉE DE RICOU, d'une famille du Dauphiné.
De ce mariage il eut une fille unique :

XIV.

1748?-1808.   MARIE AMAT, marquise de Volx, née à Volx vers 1748 et morte à Aix en Provence, le 17 janvier 1808.
Elle avait épousé BONIFACE-JEAN-LOUIS DU PÉRIER, descendant de celui auquel Malherbe avait adressé une pièce de vers célèbre à l'occasion de la mort de sa fille. Son héritage tomba, à la suite d'une alliance, dans la famille de Tressemanes.

BRANCHE DE CADENET
Issue de PIERRE AMAT, fils de JACQUES (Voir p. 16).

VIII.

1511-1580.   PIERRE AMAT, fils de JACQUES AMAT et de MARGUERITE DE CLARI, reçut par le testament de son père, en date du 20 septembre 1511, tous les biens qu'il possédait à Cadenet, à Lauris, en un mot en Provence. Il embrassa la carrière du notariat ; il fut tuteur de ses nièces, filles de son frère MATHIEU AMAT, en 1580. Depuis cette époque on le perd de vue.

IX.

1632-.....   GABRIEL AMAT, fils du précédent. Le nom de sa mère n'est pas connu. Il fut réhabilité dans sa noblesse en même temps que ses cousins du Dauphiné, par lettres patentes du 31 décembre 1632. Ces lettres patentes furent entérinées au Parlement de Provence à la suite d'une attestation des consuls de Cadenet, du 30 mai 1634, déclarant qu'ils l'avaient toujours tenu pour noble. Dans cet acte il est nommé GABRIEL AMAT, FILS DE PIERRE.
Il épousa FRANÇOISE DE GAVAUDAN, d'une famille noble de Provence. De ce mariage il eut un fils.

X.

...AN AMAT, habitant Cadenet. Il prouva à diverses reprises sa noblesse en même temps que ses cousins du Dauphiné. On ne sait pas autre chose de lui.

Il épousa, le 10 mai 1648, MARIE AMY, d'une famille noble de Provence et mourut sans laisser de postérité.

PREMIÈRE BRANCHE DU LAUZA

Issue de MATHIEU AMAT, fils de JACQUES (Voir p. 16). ·

VIII.

...ATHIEU AMAT, fils de JACQUES AMAT et de MARGUERITE DE CLARI, était avocat à Gap en 1561 ; notaire à Gap en 1564, et mourut vers 1575.

Il avait épousé ISABELLE DE VALLIN, d'une famille noble du Dauphiné.

De ce mariage il eut trois enfants :

MATHIEU, qui suit.

CATHERINE, qui épousa *Bernardin Bonnet,* notaire royal à Gap. Elle était morte avant 1582.

JEANNE, qui épousa *Charles Ysnard* et partagea, en 1582, la succession de son père et de sa mère avec Bernardin Bonnet, son beau-frère. Elle avait été, ainsi que sa sœur, sous la tutelle de PIERRE AMAT, notaire à Cadenet, son oncle.

IX.

...ATHIEU AMAT, sieur du Lauza, notaire à Lazer, où il vivait encore en 1600. Je n'ai pu retrouver ni le nom de sa femme ni la date de sa mort.

X.

...ENRI AMAT, sieur du Lauza. Il s'établit à Grenoble où il fut trésorier du Dauphiné de 1660 à 1669. Sa vie nous est aussi inconnue que celle de son père.

XI.

...AUDE AMAT, sieur du Lauza. Il succéda, en 1670, à son père dans la charge de trésorier du Dauphiné à Grenoble. Il mourut avant 1674.

D'une femme dont le nom n'est pas connu il eut deux fils :

1º ÉTIENNE, qui suit.

2º JEAN, procureur en 1674 au bailliage du Graisivaudan et autres juridictions qui y étaient unies.

XII.

1673-1700. ÉTIENNE AMAT, sieur du Lauza, fut d'abord procureur au Parlement (1674), puis conseiller à la Chambre des Comptes du Dauphiné à Grenoble, de 1690 à 1700.

Il épousa ENNEMONDE MOREL, d'une famille bourgeoise de Grenoble.

De ce mariage il eut deux fils :

1º JEAN, qui suit.

2º GABRIEL, qui suivra, auteur de la deuxième branche du Lauza.

XIII.

1683-1731. JEAN AMAT, procureur au Parlement de Dauphiné, puis receveur des consignations à Grenoble, de 1707 à 1731.

Il épousa, le 3 janvier 1683, ÉMERENTIANE LE MASSON, veuve en premières noces de Pierre Gavet, de Grenoble.

De ce mariage il eut six enfants.

1º CLÉMENT, qui suit.

2º CHÉRUBIN, sieur du Moulin, lieutenant de police à Grenoble (1751), mort sans alliance.

3º GABRIEL, sieur de la Taurière, greffier au Parlement, mort sans alliance en 1775.

4º FRANÇOISE, née le 22 août 1698 et morte jeune.

5º LUCRÈCE, non mariée, vivait encore en 1776.

6º CATHERINE-BRIGITTE, vivante en 1765.

7º ANNE, vivante en 1760.

XIV.

1698-1771. CLÉMENT AMAT, sieur du Lauza, terre dont il hérita de son cousin *François Amat* dont il sera question à la branche suivante. Il naquit le 11 avril 1698, fut procureur au Parlement de Dauphiné et testa le 18 octobre 1771.

Il avait épousé CATHERINE ALLARD, d'une famille bourgeoise de Grenoble, qui mourut avant 1751.

De ce mariage il eut trois filles.

XV.

1º CATHERINE-ÉMERENTIANE AMAT, qui épousa, le 7 janvier 1751, JEAN JAQUEMET, de Tallard, alors étudiant en droit, puis procureur au Parlement de Grenoble, en remplacement de son beau-père, enfin juge de la vicomté de Tallard, mort dans ce bourg en 1808. Elle mourut elle-même en 1813.

2º MARIE-ÉMERENTIANE AMAT, qui épousa, le 27 janvier 1753, JEAN ROLLAND, secrétaire du parlement de Dauphiné, et mourut en 1796, le 9 octobre.

3º ANNE-CHRISTINE AMAT, qui épousa, avant 1771, ANTOINE-JEAN BOISSET, greffier en chef du parlement du Dauphiné, et mourut en mars 1788.

DEUXIÈME BRANCHE DU LAUZA
Issue de GABRIEL AMAT, fils d'ÉTIENNE (Voir p. 22).

XIII.

GABRIEL AMAT, sieur du Lauza, fils d'ÉTIENNE AMAT et d'ENNEMONDE MOREL. Il fut d'abord officier, puis secrétaire du Parlement de Grenoble (1703). Il était fort âgé en 1751 et secrétaire honoraire.

Il épousa une femme dont le nom ne nous est pas connu, et dont il eut deux fils :

1º FRANÇOIS, qui suit.

2º BENOIT, sieur du Villard, né le 26 avril 1699, receveur des amendes du Parlement de Dauphiné en 1750, et, le 1er juin 1768, nommé capitaine châtelain de la Balme.

Il épousa MARIANNE GERVASY et eut une fille MARIE-JULIE AMAT, née le 21 mars 1753, et morte sans alliance.

XIV.

FRANÇOIS AMAT, sieur du Lauza, né en 1687, mort en 1760. Il fut greffier en chef et receveur des consignations du Parlement de Grenoble, mourut le 14 avril 1760 et légua à son cousin *Clément Amat* (voir la branche précédente) la terre et le nom du Lauza.

Il épousa MARIE GALLIN DE MORNAS, fille de François-Paul Gallin de Mornas et d'Anne de Buissière, dont il eut :

XV.

.....—..... MARIE-JULIE AMAT, qui épousa JOSEPH-FRANÇOIS PRUNELLE de l'une des meilleures familles bourgeoises de Grenoble.

BRANCHE DE SAVINES
Issue de JACQUES AMAT, fils d'ÉTIENNE (Voir p. 16).

IX.

1559-..... JACQUES AMAT, fils d'ÉTIENNE AMAT et de MARGUERITE DE CLARI. Il vivait encore en 1559 et s'était fixé à Ventavon.

X.

15..-..... ÉTIENNE AMAT, fixé comme son père à Ventavon.
D'une femme dont le nom n'est pas connu, il eut :

XI.

....,-1646. JACQUES AMAT, sieur de la Peyrouse. Le 8 novembre 1646, il donne procuration à Jean Collombon, de Mison, son gendre, de le représenter au mariage de son fils. Il se dit originaire de Ventavon et fils de feu ÉTIENNE AMAT.
D'une femme dont le nom n'est pas connu il eut une fille et un fils.
1° BALTHAZARD, qui suit.
2° N..., mariée à *Jean Collombon,* de Mison.

XII.

1646-..... BALTHAZARD AMAT, sieur de la Peyrouse; il épousa, le 8 novembre 1646, ANNI CARELLE, fille de Jacques Carelle, procureur au bailliage d'Embrun, et en eut un fils.

XIII.

....-1682. JEAN AMAT, sieur du Puy, receveur des domaines à Savines où il vivait encor en 1682.

D'une femme dont le nom n'est pas connu il eut cinq enfants.

1° Pascal, qui suit.

2° Balthazard, sieur de la Peyrouse, consul de Savines en 1695.

3° N..., qui était en 1687 femme de *Denis Rispaud.*

4° N..., qui était en 1687 femme de *François Rispaud,* frère du précédent.

5° Jacques, mort jeune.

XIV.

Pascal AMAT, sieur du Puy. Il succéda à son père dans les fonctions de receveur des domaines à Savines ; il les remplissait encore en 1710 et était mort avant 1721.

Il épousa JEANNE BRUNET, fille de Claude Brunet, marchand à Chaumont en Briançonnais, et de Catherine Richard, et ne paraît pas en avoir eu des enfants.

BRANCHE DE CHABESTAN

Issue de BENOIT AMAT, fils de CLAUDE (Voir p. 17).

X.

Benoit AMAT, fils de Claude Amat et de Claudine de Grimaud, seigneur de Sigoyer (1644) et de Chabestan (1645), vibailli d'Embrun (1646), trésorier de l'extraordinaire des guerres (1647). Il testa le 15 septembre 1672, et le 1er février 1673, il fit donation à son fils aîné Jacques Amat de tous ses biens. Il mourut le 8 février de la même année et fut enseveli dans l'église paroissiale de Sigoyer.

Il épousa en premières noces, le 30 mai 1625, MARIE ISAAC, fille de Jacques Isaac et de Marguerite Reynier, du Saix. Le 3 octobre 1626, son beau-père lui fit une donation entre vifs de tous ses biens.

Il épousa en secondes noces, le 15 juillet 1651, VIRGINIE DE VIGNON DU MAS, fille d'Antoine de Vignon du Mas et nièce de Marie Vignon, marquise de Treffort, veuve de François de Bonne, duc de Lesdiguières, connétable de France. Ce mariage fut accompli avec beaucoup de solennité à Grenoble.

De ces deux mariages il eut quatorze enfants.

Du premier :

1° Jacques, qui suit.

2° Claude, sieur de Chabestan, qui fut déshérité par son père à cause de sa

4

mauvaise conduite. Il avait épousé un peu avant 1670, malgré l'opposition de sa famille, MARIE PEISE, veuve de Benoît Borel, notaire, dont il eut trois filles et deux fils :

    1º VIRGINIE, qui épousa *Jean Augier*, de Chabestan, sieur du Clot, (1711).

    2º CHARLOTTE, non mariée.

    3º MARIE, morte avant 1711.

    4º CLAUDE, dont j'ignore le sort ainsi que celui du suivant.

    5º BENOIT.

3º CLAUDE, qui entra dans les ordres, fut recteur de la chapelle de Notre-Dame des Agraniers, à Upaix, chanoine du prieuré de Chardavon, règle de Saint-Augustin, près Sisteron, puis enfin prieur de Saint-Jacques à Upaix, dont il prit possession en avril 1665. Il avait même succédé à son oncle *Claude* comme prieur de Chardavon, mais ne parvint pas à se faire mettre en possession.

4º BENOIT, mort jeune.

5º CATHERINE, morte jeune.

6º FRANÇOISE, qui épousa, en 1684, noble *César de Fusier*, de la Buissière en Graisivaudan, fils de François de Fusier et d'Isabeau de Muriannes, et reçut dans le testament de son père un legs de 1,500 livres. Elle mourut avant 1696.

7º SUZANNE, qui épousa, après 1670, noble *Jacques Bouquin*, seigneur de Pramure, et reçut comme sa sœur un legs de 1,500 livres.

8º CLAUDE-ÉLISABETH ou ISABEAU, religieuse au couvent de la Visitation de Sisteron.

9º JEANNE-LUCRÈCE, religieuse au même couvent.

10º ANNE-AUGUSTINE, religieuse au même couvent.

11º MARIE-ANNE ou MARIE-LOUISE, religieuse au même couvent. Vivant toutes quatre en 1670.

12º MARIE-SÉRAPHIQUE ou SÉRAPHINE, religieuse au même couvent, morte avant 1670.

13º LOUISE, qui épousa, le 21 juin 1652, *Claude de Castellane*, seigneur de Tornon et Saint-Laurent, fils de François de Castellane et de Jeanne de Valavoire-Volx. Son père trouvant qu'il lui avait fait de trop grands avantages dans son contrat de mariage ne lui légua que cinq sols par son testament. Elle mourut avant 1696.

Du deuxième mariage :

14º VIRGINIE, qui épousa en premières noces *Jean Cuissier*, en secondes *Jean Empereire*, et mourut à Tallard en 1738.

XI.

1651-1692.   JACQUES AMAT, seigneur de Sigoyer et de Chabestan, officier de cavalerie, eut en 1661 un duel avec Charles de Gruel, seigneur du Saix et gouverneur de Gap, qui avait fait des menaces à son père. Il vendit la terre de Sigoyer en 1681, se retira dans la terre de Chabestan, testa le 5 août 1692 et mourut en 1693. Il fut enseveli dans la chapelle qu'il avait fait construire dans l'enceinte de son château de Chabestan sous le vocable de Saint-Antoine de Padoue.

Il épousa en premières noces, le 10 juin 1669, ANNE DE GAUVILLE DE JAVERSY, fille de François de Gauville de Javersy, maréchal général de la cavalerie de France, et d'Isabelle de Vignon du Mas; elle était nièce de la deuxième épouse de son père. Cette dame testa le 30 juin 1682 et mourut sans postérité, le 9 novembre de la même année à Roanne, pendant un voyage.

Il épousa en deuxièmes noces ANGÉLIQUE DE GRAS DE PRÉGENTIL, fille de Pierre de Gras, seigneur de Prégentil et du Valgaudemar, et d'Anne de Bérard, qui fut faite héritière universelle par son mari et mourut en 1706 ou 1707.

De ce second mariage il eut six enfants :

1º ANTOINE-FERDINAND, qui suit.

2º JEAN-LOUIS, qui suivra.

3º JACQUES, capitaine de dragons, tué à la guerre le 24 juin 1710, sans avoir été marié.

4º FRANÇOIS-AUGUSTE ou AUGUSTIN, mort sans avoir été marié.

5º JOSEPH, mort également sans avoir contracté d'alliance. Il hérita, en vertu du testament de son père, de 6,000 livres ainsi que les trois précédents.

6º MARIE-ANNE, qui épousa, le 2 juillet 1710, noble *Hyacinthe Agar,* seigneur de Puyricard, fils de Bruno Agar et d'Élisabeth Bernardi. Elle avait également hérité de 6,000 livres en vertu du testament de son père, et elle mourut en 1719.

XII.

ANTOINE-FERDINAND AMAT, seigneur de Chabestan, qui mourut en 1697 avant d'avoir atteint sa majorité.

XII.

JEAN-LOUIS AMAT, seigneur de Chabestan, fut d'abord officier de dragons, puis hérita de son frère *Antoine-Ferdinand* en vertu d'une substitution paternelle. Il mourut en 1720 sans s'être marié et fit sa tante Marguerite de Gras héritière de tous ses biens qui avaient été fort diminués par la mauvaise administration de sa mère. Marguerite de Gras de Prégentil, dite Mademoiselle de Saint-Maurice, héritière de la terre de Chabestan, fut poursuivie par plusieurs créanciers de son neveu et céda son héritage pour une pension minime, en 1734, à M. de Roux de Gaubert qui, fort habilement, transigea avec les créanciers et eut pour peu de chose cette seigneurie qu'il fit ériger en 1729 en comté sous le titre de La Ric.

BRANCHE DE GRAVESON

Issue d'ANTOINE AMAT, fils de CLAUDE (Voir p. 17).

X.

1625-1690. ANTOINE AMAT, fils de CLAUDE AMAT et de CLAUDINE DE GRIMAUD, fut d'abord receveur en l'élection de Die, puis lieutenant en l'élection de Gap et enfin trésorier de France, conseiller et secrétaire du roi et de ses finances. Il acquit en 1662 la terre de Graveson pour laquelle il prêta hommage à la Chambre des comptes de Provence le 24 janvier 1663. Il fut maintenu dans sa noblesse par ordonnance du 22 octobre 1667 et mourut en 1690.

Il épousa, à Avignon, le 14 février 1652, MARGUERITE DE BALBE DE BRETON DE CRILLON, fille de Louis de Balbe de Breton, marquis de Crillon, petit-fils du brave Crillon, le compagnon de Henri IV, et de Marquise d'Albertas.

De ce mariage il eut six enfants :

1° IGNACE, qui suit.

2° AUGUSTIN, mort sans alliance après avoir testé le 30 juillet 1673 en faveur de son frère aîné.

3° IGNACE-HYACINTHE, qui entra dans l'ordre de Saint-Dominique, eut une grande réputation comme historien ecclésiastique et théologien et fut appelé en cette qualité au Concile de Rome. Ses œuvres ont été réunies en 21 volumes in-4° sous le titre général suivant : FR. IGNATII HYACINTHI AMAT — DE GRAVESON — ORD. FF. PRÆDICATORVM — SACRÆ FACVLTATIS PARISIENSIS DOCTORIS, ET — COLLEGII CASANATENSIS THEOLOGI, — OPERA OMNIA — NVNC PRIMVM DILIGENTER COLLECTA, IN VNVM CORPVS REDACTA, — ET LVCVLENTISSIMIS ADDITIONIBVS, PERPETVISQVE — ANNOTATIONIBVS ILLVSTRATA — AB ILLVSTRISS. ET REVERENDISS. D.D. — IOANNE DOMINICO MANSI — ARCHIEPISS — COPO LVCENSI. — BASSANI, MDCCLXXIV — SED PROSTANT — VENETIIS APVD REMONDINI — SVPERIORVM PERMISSV, AC PRIVILEGIO. (Titre rouge et noir). Né en 1670, il mourut en 1733.

4° FRANÇOISE, qui épousa le 24 février 1674 noble *Pierre-François Icard,* seigneur

de Perignan, fils de Nicolas Icard et de Marie d'Antonelle. Elle mourut avant
le 30 novembre 1706.

5° Anne-Élisabeth, non mariée, qui testa le 1er décembre 1690 en faveur de
l'aîné de ses frères.

6° Marguerite, entra en religion et fut abbesse du monastère de Saint-Césaire
d'Arles (5 avril 1705. — 25 mai 1711).

XI.

IGNACE AMAT, seigneur et marquis de Graveson, consul d'Arles en 1721.

Il épousa, le 12 octobre 1690, FRANÇOISE DE SALVADOR, fille de Paul
de Salvador, capitaine des portes d'Avignon, primicier de l'Université de la
même ville, auditeur de rote, et d'Élisabeth Massilleu.

De ce mariage il eut une fille unique :

XII.

MARIE-FRANÇOISE AMAT, qui épousa, le 10 juin 1724, FRANÇOIS PALAMÉDE
DE FORBIN, seigneur de Sainte-Croix, des Issards et des Angles, fils de
Jean-Baptiste-Renaud de Forbin et de Madeleine-Thérèse de Tache.

BRANCHE DU VIVIER

Issue d'ANDRÉ AMAT, fils de CLAUDE (Voir p. 16).

X.

ANDRÉ AMAT, fils de Claude Amat et de Claudonne Méyère ; qualifié de sieur
de Châteaugiraud, à Upaix, comme son père, et de coseigneur d'Upaix (1637),
il fut associé à ses frères *Benoît, Jacques* et *Antoine* dans leurs entreprises
financières, puis fut nommé sergent-major de la ville de Gap (1636-1647). Il
était mort avant 1660. Son portrait est peint dans l'église d'Upaix sur un tableau dont il fut le donateur.

Il épousa, en 1625, MADELEINE FLOUR, fille de Balthazard Flour, sieur
de la Palud d'Upaix, et de Marguerite Blain.

De ce mariage il eut sept enfants :

1° Claude, qui suit.

2° Alexandre, qui suivra, auteur de la branche de la Plaine.

3º JACQUES, qui suivra, auteur de la branche du Brusset.

4º ANTOINE, entra dans les ordres, fut prieur de Vitrolles (1657), abbé de Clau
sonne, diocèse de Gap (1658), prieur d'Upaix et Châteauregnaud (1659), aumônier du roi, et mourut avant 1682.

5º MARC-ANTOINE, mort jeune.

6º BALTHAZARD, qui suivra, auteur de la branche du Clot.

7º ISABEAU, qui épousa noble *Boniface de Joannis,* seigneur de la Brillane, avoca
général à la Chambre des comptes de Provence, fils de Gaspard de Joanni
et de Marguerite de Garnier, vers 1650 ; elle vivait encore en 1688.

XI.

1649-1666.　CLAUDE AMAT, sieur du Vivier, succéda à son père comme sergent-major de l
ville de Gap, en vertu de lettres royales du 12 août 1650, fonctions qu'
remplit jusqu'en 1666 ; il fut également lieutenant pour le roi dans la plac
de Mévouillon aux Baronnies (1649). Il mourut avant 1688.

Le nom de sa femme ne m'est pas connu ; il en eut cinq enfants :

1º ÉTIENNE, qui suit.

2º ANTOINE, qui reçoit en 1688 un legs de son oncle Jacques Amat.

3º MADELEINE, qui épousa noble *François d'Agoult,* coseigneur d'Upaix, fils d
François d'Agoult, seigneur de Chapaisse, coseigneur d'Upaix, et de Mar
guerite de Morges, le 26 novembre 1694.

4º MARGUERITE, qui reçoit ainsi que la suivante, en 1688, un legs de son oncl
Jacques Amat.

5º VIRGINIE.

XII.

1688-1750.　ÉTIENNE AMAT, sieur du Vivier, fut châtelain delphinal d'Upaix, de 1690 à 175C
et paraît être mort sans postérité. Son oncle *Jacques Amat,* sieur du Brusse
lui fit un legs dans son testament du 17 novembre 1688, ainsi qu'à ses frère

BRANCHE DE LA PLAINE

Issue d'ALEXANDRE AMAT, fils d'ANDRÉ (Voir p. 29).

XI.

....-1661.　ALEXANDRE AMAT, sieur du Plan, fils d'ANDRÉ AMAT et de MADELEINE FLOU
officier de cavalerie, présenta requête le 12 avril 1661 pour être autorisé

faire copier les titres existants entre les mains 'de ses cousins les barons du Poët, à l'effet de prouver sa noblesse.

Il épousa ANTOINETTE D'AURELLE, fille d'Antoine d'Aurelle, coseigneur de Baratier et maréchal de camp des armées du roi.

De ce mariage il eut un fils.

XII.

BENOIT AMAT, sieur de la Plaine, à Mison, conseiller du roi, receveur des fermes unies au bureau du Poët (1688-1700).

Il épousa ANNE FLOUR, fille de Claude Flour, notaire à Upaïx.

De ce mariage il eut un fils.

XIII.

CLAUDE AMAT, sieur de la Plaine, receveur des fermes du roi au Poët, et châtelain du duc de Tallard dans la même terre (1726).

Il épousa LUCRÈCE LANTOIS, fille de noble Sébastien Lantois, seigneur de Villosc.

De ce mariage il eut deux fils :

1º GASPARD, qui suit.

2º ANTOINE, sieur de la Plaine, qui prit le parti des armes et de degré en degré arriva, en 1767, à être lieutenant-colonel du régiment de Bretagne.

XIV.

GASPARD AMAT, sieur de la Plaine, chevalier, seigneur de Lieutel et autres lieux, né au Poët le 10 mars 1726, d'abord commissaire de la marine, conseiller du roi en son conseil supérieur de l'Ile-Bourbon, pourvu le 14 septembre 1768 comme conseiller du roi, grand maître enquêteur et général réformateur des eaux et forêts de France, en Dauphiné, la Provence, Lyonnais, Forest, Beaujolais, Maconnais et Auvergne, fonctions qu'il remplissait encore en 1779.

BRANCHE DU BRUSSET
Issue de JACQUES AMAT, fils d'ANDRÉ (Voir p. 30).

XI.

JACQUES AMAT, sieur du Brusset, à Upaix, fils d'ANDRÉ AMAT et de MADELEINE FLOUR, né vers 1659, fit un premier testament le 17 novembre 1688, il n'avait alors aucun enfant, et distribua ses biens à ses parents. Il mourut après 1700 et avant 1719.

Il épousa LUCRÈCE DE BRUNEL, fille de noble Joseph de Brunel et de Françoise d'Entraigues, de Marseille. Cette dame fit un téstament le 17 novembre 1688 en même temps que son mari.

De ce mariage il eut un fils.

XII.

1689-1726.   JACQUES AMAT, né à Upaix au mois de mars 1689, n'hérita que d'une faible partie de la fortune de son père à cause de diverses aliénations, donations et ventes à fonds perdu que ses parents avaient faites quand ils pensaient n'avoir point d'enfants et qui ne purent être cassées. A la suite de son mariage, il alla s'établir à Ribiers où il acquit des propriétés.

Il épousa en premières noces, en 1706, à l'âge de dix-sept ans, ÉLISABETH MEISSONNIER, qui mourut en 1726.

En deuxièmes noces, MARGUERITE GARCIN.

De ces deux mariages il eut trois fils :

1º CLAUDE, qui suit.

2º PIERRE, dont la destinée ne m'est pas connue.

3º JOSEPH, dont la destinée est ignorée comme celle de son frère.

XIII.

1707-1767.   CLAUDE AMAT, propriétaire et notaire à Ribiers, né en 1707.

Il épousa, en 1726, à l'âge de vingt ans, ROSE FRANCOU, dont il eut trois fils :

1º JEAN-JOSEPH, qui suit.

2º CLAUDE, qui suivra, auteur de la branche de Marseille.

3º JACQUES, né au mois d'août 1727, mort jeune.

XIV.

1729-1794.   JEAN-JOSEPH AMAT, propriétaire et notaire à Ribiers. Né le 9 mars 1729, mourut dans ce bourg le 5 fructidor an II (22 août 1794).

Il épousa en premières noces MARIE MARQUIS, fille d'Antoine Marquis de Tallard, et Marie-Anne Chauvet.

En secondes, MARIE TARASCON, d'une famille bourgeoise de Sisteron.

Du premier mariage il eut un fils :

1º CLAUDE-SIMÉON, qui suit.

Du second, deux filles :

2º ROSE, née en 1780, épousa *Joseph Maguet,* notaire à Ribiers et administrateur du département des Hautes-Alpes ; elle mourut en 1838.

3º MARIE-ANNE, née le 16 juin 1778, morte en 1842, non mariée.

XV.

CLAUDE-SIMÉON AMAT, propriétaire et notaire à Ribiers, maire de ce bourg,
administrateur du département des Hautes-Alpes (1789-1791), député par ce
département à l'Assemblée législative (1791-1793). Il siégea constamment à la
droite dans cette assemblée ; un rapport de lui a été imprimé sous le titre
suivant : RAPPORT ET PROJET DE DÉCRET POUR LE COMPLÉMENT DES DÉPENSES
ORDINAIRES DE LA MARINE ET DES COLONIES, PAR CLAUDE-SIMÉON AMAT,
DÉPUTÉ DES HAUTES-ALPES. (Imprimerie nationale, 1791.) Il fit, à la fin
d'août 1792, une motion pour faire restituer au trésor les sommes données
par les ministres sous le titre de gratifications ou indemnités et sans cause
légitime. Cette motion n'a pas été imprimée. De retour en Dauphiné, après la
fin de son mandat, il ne se représenta pas devant ses électeurs et mourut le
30 fructidor an II (17 septembre 1794). Il était né le 18 mars 1762.

Il avait épousé, le 25 août 1778, à seize ans, ANNE BOIS, nièce et petite-
nièce de deux prieurs de Noyers, qui ont publié quelques ouvrages. Cette
dame mourut la même année que son mari ; elle avait huit ans de plus que lui.

De ce mariage sont nés six enfants :

1º JEAN-JOSEPH, qui suit.

2º MARIE-CATHERINE-DELPHINE, morte en 1813 ; elle épousa *François-Régis
Fabre,* notaire à Villeperdrix.

3º JULES-SIMÉON, qui suivra, auteur de la branche de Grenoble.

4º JEAN-ANTOINE, d'abord officier sous le premier empire, il épousa, après sa
mise à la retraite, MARIE ESPIÉ, de Gap, dont il eut un fils nommé ANTOINE
AMAT, comme son père, mort à vingt et un ans, sans s'être marié.

5º VICTOR, juge à Saint-Marcellin, mort sans s'être marié en 1834.

6º CAROLINE-HÉLÈNE, née le 8 octobre en 1791, épousa, en 1814, *Gaspard Bontoux,* de Sisteron, et mourut dans cette ville le 22 décembre 1868.

XVI.

JEAN-JOSEPH AMAT, né le 17 août 1779, fut avoué à Gap, maire de cette ville
et membre de la Chambre des députés de 1827 à 1831 ; il avait été fait
chevalier de la Légion d'honneur en 1825. En 1822 (17 août), il prononça en

5

sa qualité de président du collège électoral des Hautes-Alpes, un discours qui a été imprimé (Allier, imprimeur, in-8°). Il prononça un second discours, le 2 juillet 1828, à la Chambre des députés dans la discussion relative au budget. Ce discours a été imprimé également (Veuve Agasse, in-8°). Il mourut le 23 juillet 1848.

Il avait épousé, le 16 août 1815, LYDIE JAQUEMET, fille de Clément Jaquemet, juge de paix de Tallard, et d'Henriette Nas de Romane. Née à Tallard le 10 août 1793, elle est morte à Gap le 5 juin 1859.

De ce mariage sont nés six enfants :

1° CLÉMENT-CLAUDE-SIMÉON, qui suit.

2° EUGÈNE, né le 19 mai 1818, mort le 19 mai 1819.

3° LYDIE, née le 11 avril 1820, qui épousa, le 19 novembre 1839, *Hippolyte Roman*, magistrat, fils de Joseph Roman, ancien chef de bureau au ministère des finances, et d'Alexandrine Ju-des-Retz, fille de Bernard Ju-des-Retz, conseiller au Parlement de Paris. Elle est morte à Sisteron le 20 janvier 1890.

4° ÉMILIE-MARIE, née le 10 septembre 1822, morte le 15 juin 1826.

5° EUDOXIE, née le 4 avril 1827, non mariée.

6° MARIE-ÉMILIE, née le 16 juillet 1830, qui épousa, le 25 janvier 1852, *Auguste Chauvet*, conseiller général du département des Hautes-Alpes, chevalier de la Légion d'honneur, fils de Joseph Chauvet et de Julie Bucelle. Elle est morte le 11 mai 1854.

XVII.

1816-..... CLÉMENT-CLAUDE-SIMÉON AMAT, né à Gap le 19 mai 1816, avoué, puis maire de Gap, conseiller général des Hautes-Alpes, chevalier de la Légion d'honneur.

Il a épousé, le 10 août 1842, ADÈLE PINET DE MANTEYER, fille d'Édouard Pinet de Manteyer et d'Aimée d'Abon.

De ce mariage sont nées trois filles :

XVIII.

1843-1849. MARIE-CLÉMENCE-AIMÉE AMAT, née le 30 novembre 1843, morte le 6 novembre 1849.

1845-..... ADINE-MARIE-LYDIE AMAT, née le 27 février 1845, qui a épousé, le 1er mai 1870, HENRI OLIVE, rédacteur en chef de la *Gazette du Midi* de Marseille, chevalier de Saint-Grégoire le Grand, mort sans postérité le 3 novembre 1880.

1850-..... MARGUERITE-MATHILDE-MARIE AMAT, née le 7 juin 1850, qui a épousé, le 31 décembre 1871, LAZARE OLIVE, industriel à Marseille, cousin germain du précédent et dont elle a sept enfants.

BRANCHE DU CLOT
Issue de BALTHAZARD AMAT, fils d'ANDRÉ (Voir p. 30).

XI.

BALTHAZARD AMAT, sieur du Clot, fils d'ANDRÉ AMAT et de MADELEINE FLOUR, capitaine d'une des compagnies des gardes du cardinal Mazarin.

Il épousa, le 2 mai 1659, THÉODORE-LUCRÈCE DE DIODÉ, fille de Philippe de Diodé ou Diodati et d'Anne Drago, de Turin.

Il n'eut de ce mariage qu'un fils :

XII.

ANDRÉ AMAT, sieur du Clot, qui se fixa à Marseille, pays de sa femme et de sa mère.

Il épousa, le 6 janvier 1685, MADELEINE-MARGUERITE SCARRON, fille de Thomas Scarron, marquis de Vavré, et de Françoise de Diodé. Cette dame était sa cousine germaine. Sur ces familles de Diodé et de Scarron on peut consulter l'historiette de Tallemant des Réaux sur *Mademoiselle Diodée*, (Édit. de 1840, t. VIII, p. 449) qui n'est autre que la mère de Madeleine Scarron. C'était une femme de beaucoup d'esprit, très instruite, et amie intime de Mlle de Scudéry.

De ce mariage vint une fille unique.

XIII.

ANNE-JEANNE-THÉRÈSE AMAT, née vers 1691 ; elle ne voulut pas se marier et mourut à Arles le 10 août 1759, léguant toute sa fortune, qui était considérable, à Maurice de Montfort de Faramans.

BRANCHE DE MARSEILLE
Issue de CLAUDE AMAT, fils de CLAUDE. (Voir p. 32).

XIV.

CLAUDE AMAT, propriétaire à Ribiers, fils de CLAUDE AMAT et de ROSE FRANCOU, né dans ce bourg en 1737. Il épousa, en janvier 1766, ANNE MEISSONNIER, dont il eut dix enfants.

1º CLAUDE, mort sans alliance.

2º PIERRE, mort sans alliance en 1820.

3º JOSEPH-LOUIS, qui suit.

4º ÉLISABETH, épouse de *Jean-Joseph Meissonnier.*

5º JEAN-PIERRE, propriétaire à Ribiers, marié avec ANNE DOUSSOULIN.

6º MADELEINE, épouse de *N. Novel,* négociant à Marseille.

7º JEAN-JACQUES, qui épousa, le 6 juillet 1809, URSULE DOUX, fille de Mathieu Doux et de Marie Richard.

8º MARIE-ANNE, épouse de *N. Martin.*

9º MARIE-ROSE, épouse de *Raymond Plauchard,* négociant à Marseille.

10º HENRIETTE, restée célibataire.

XV.

1773-1853.

JOSEPH-LOUIS AMAT, né à Ribiers le 12 novembre 1773, mort à Marseille en 1853.

Il épousa CLAIRE-MARIE-ANNE GARCIN, se fixa à Marseille, où il fit une fortune importante dans le commerce.

Il eut trois enfants :

XVI.

1813-.....

1º HENRI AMAT, né à Marseille le 20 août 1813, avocat, docteur en droit, député des Bouches-du-Rhône (1871-1878). Resté célibataire.

2º LOUIS AMAT, agent de change à Marseille. Resté célibataire.

3º VICTORINE AMAT, épouse de *N. Julien.*

BRANCHE DE GRENOBLE

Issue de JULES-SIMÉON AMAT, fils de CLAUDE-SIMÉON. (Voir p. 33).

XVI.

1781-1852.

JULES-SIMÉON AMAT, fils de CLAUDE-SIMÉON AMAT et d'ANNE BOIS, avoué à la Cour d'appel de Grenoble, puis notaire à Sisteron, né en 1781, mort le 9 août 1852.

Il épousa, en 1800, à Grenoble, ADRIENNE PELLAT, dont il eut deux fils

º ALPHONSE, qui suit.

º ERNEST, qui suivra.

XVII.

ALPHONSE AMAT, notaire à Grenoble, puis juge de paix à Noyarey, né le 2 novembre 1808, mort à Grenoble le 4 novembre 1872. Il épousa, le 28 septembre 1840, EUGÉNIE LUC, dont il n'eut point de postérité.

XVII.

ERNEST AMAT, avoué à la Cour d'appel de Grenoble, né le 10 mars 1810, mort le 24 décembre 1887. Il a épousé le 3 avril 1847, à Saint-Marcellin, ZÉNAIDE PICAT, dont il a eu deux filles :

XVIII.

º MARIE AMAT, née le 5 avril 1849, qui a épousé, le 19 août 1872, LOUIS BOSC, avocat, conseiller de préfecture dans les départements de la Drôme et de l'Ain, dont elle a quatre enfants.

º ALPHONSINE AMAT, née le 21 avril 1853, mariée en premières noces, le 4 septembre 1883, à Grenoble, à JEAN-BAPTISTE BALLAY, avoué à Saint-Marcellin, puis employé au canal de Panama, mort en arrivant en Amérique. Mariée en seconde noces, le 16 octobre 1889, à EUGÈNE RAYER, notaire à Thorigny-sur-Oreuse.

ANALYSE DES DOCUMENTS

SERVANT DE PREUVES A LA GÉNÉALOGIE

ars. Testament de noble Louis Amat, seigneur du Puget, de Puivert, coseigneur de Lauris et de Roque d'Antheron, faisant héritier son fils Bernard Amat, et faisant des legs à Raymond, Jeanne et Agnès, ses autres enfants, et à Amasie, son épouse. Jacques Brun, notaire de Cadenet.

mars Fondation par noble Raymond Amat, fils de Louis Amat, seigneur du Puget, de Puivert, coseigneur de Lauris et de Roque d'Antheron, d'une chapelle dans l'église Saint-Étienne de Cadenet, sous le titre de Saint-Michel. Jacques Brun, notaire à Cadenet.

nvier Contrat de mariage entre noble Bernard Amat, seigneur du Puget, de Puivert, coseigneur de Lauris et de Roque d'Antheron, fils de Bernard Amat, seigneur desdits lieux, et de Madeleine, et Lucrèce de Dourbes.

vrier Testament de noble Bernard Amat, seigneur de Puivert, du Puget et de la Roque d'Antheron, coseigneur de Lambesc, il demande à être enseveli dans la chapelle de Saint-Michel de Cadenet, fondée par Raymond Amat, son oncle, et où reposent Bernard, son père, et Madeleine, sa mère. Il fait hériter son fils aîné Ferrare Amat, et fait des legs à Hugues, son fils cadet, et à sa femme Lucrèce de Dourbes. Bertrand Bestian, notaire d'Aix.

ars Hommage prêté par noble Ferrare Amat, fils de Bernard Amat, seigneur de Puivert, la Roche d'Antheron, coseigneur de Lauris et de Lambesc, pour les fiefs susdits, entre les mains de Raymond d'Agoult, sénéchal de Provence, représentant la reine Jeanne, comtesse de Provence et reine de Naples. Aix, dans le palais.

vril. Contrat de mariage entre noble Ferrare Amat, seigneur de Puivert, la Roche d'Antheron, coseigneur de Lauris et de Lambesc, fils de Bernard Amat et de Lucrèce de Dourbes, et de Lucrèce de Cucuron, fille d'Hugues, seigneur de Cucuron.

1353, 15 décemb.	Transaction entre Ferrare Amat, Pierre et Richaud de Lamanon, père et fils, seigneurs de Rognes, faite par l'entremise de Richaud de Lamanon, coseigneur de Lambesc, et de Jacques de l'Aube de Roquemartine, à propos de terres situées à Rognes. Aix.
1372, 17 avril.	Lettres de Louis, duc d'Anjou, de Touraine et comte du Maine, à Étienne de Montméian, son trésorier, lui ordonnant de payer 300 fr. d'or à Pierre Amat, sergent d'armes, pour la solde de sa compagnie. Carcassonne.
1392, 7 mars (1393).	Testament de noble Ferrare Amat, seigneur du Puget, coseigneur de Lauris, Lambesc, Puivert et Roque d'Antheron, élisant sa sépulture dans la chapelle de Saint-Michel dans l'église de Saint-Étienne de Cadenet, faisant son héritier Pierre Amat, son fils aîné, et faisant des legs en faveur d'Arnaud, Robert et Plesentia, ses autres enfants, et de Lucrèce de Cucuron, sa femme.
1421, 10 mars (1422).	Contrat de mariage entre noble Pierre Amat, seigneur du Puget, Puivert et Roque d'Antheron, et Claudine de Cadenet.
1445, 16 mars (1446).	Testament de noble Pierre Amat, seigneur du Puget, Puivert et Roque d'Antheron, par lequel il institue son héritier son fils Étienne Amat, et fait des legs à sa femme Claudine de Cadenet.
1459, 19 janvier (1460).	Contrat de mariage entre noble Étienne Amat, seigneur du Puget, Puivert et Roque d'Antheron, fils de Pierre Amat et de Claudine de Cadenet, et Claire d'Agoult, fille de noble et puissant seigneur Foulquet d'Agoult, seigneur de Mison, la Tour-d'Aigues, Peypin, Volonne, Saint-Martin, Thèse, Noyers, grand sénéchal de Provence, et de dame Jeanne de Boleriis.
1479, 24 janvier (1480).	Testament de noble Étienne Amat, seigneur du Puget, coseigneur de Lauris et de Lambesc, fils de Pierre Amat, par lequel il institue son héritier Jacques Amat, son fils, et fait des legs à Claire d'Agoult, sa femme.
1490, 29 juin.	Contrat de mariage entre noble Jacques Amat, seigneur du Puget, coseigneur de Lauris et de Lambesc, fils d'Étienne Amat et Claire d'Agoult, et Catherine de Moustiers, fille de noble et puissant seigneur Pierre de Moustiers, seigneur de Ventavon, le Monêtier-Allemont, coseigneur de Lazer, et d'Antoinette de Morges. Ventavon.
1510, 28 octobre.	Compromis passé entre noble Jacques Amat, coseigneur de Lazer, comme mari de Catherine de Moustiers, et les consuls et habitants de Lazer, promettant d'accepter l'arbitrage d'Antoine de Morges, de Jean de la Piarre et de Pierre de Rame pour résoudre les difficultés qui les divisent. Lazer, Gabriel Armand, notaire.
1510, 15 novemb.	Sentence arbitrale prononcée entre les parties précédentes par les arbitres choisis par elles. Les consuls de Lazer ayant voulu faire payer les redevances pour certaines terres à Jacques Amat, qui refusait en se disant issu de noble et ancienne race, une enquête est faite et les actes de 1280, 1299, 1349, 1351, 1352, 1392, 1421, 1445, 1479, 1490 ayant été présentés, Jacques Amat est déclaré de noble et ancienne race et exempt de la plupart des redevances qu'on voulait lui faire payer. Lazer, Gabriel Armand, notaire.
1511, 30 septemb.	Testament de noble Jacques Amat, coseigneur de Lazer; il élit sa sépulture dans l'église de Lazer; lègue à son fils Pierre Amat ses biens de Lauris, du Puget, de Cadenet et autres lieux de Provence; à son fils Étienne ses biens du Dauphiné. Fait des legs à sa femme Catherine de Moustiers. Lazer, Gabriel Armand, notaire de Serres.
1531, 14 mai.	Contrat de mariage entre noble Étienne Amat, fils de feu Jacques Amat, et Marguerite de Clari, fille de noble Pierre de Clari, de Ventavon, qui reçoit en dot 800 florins d'or. Ventavon, Gabriel Armand, notaire de Serres.
1558, 17 février (1559).	Testament de noble Étienne Amat, sieur de la Palud de Lazer; il élit sa sépulture dans l'église de Lazer. Il fait héritiers universels ses fils Jacques et Jean, sous l...

tutelle de leur mère Marguerite de Clari, et lègue 200 florins à son fils Claude. Lazer, Jean Cheval, notaire de Ventavon.

emb. Acte par lequel François Farel, recteur ou vicaire perpétuel du prieuré de Notre-Dame du Puy-Servier, à Valserres, nomme Claude le Sourd, son procureur. Mathieu Amat, sieur du Lauza et avocat à Gap, y paraît comme témoin. Gap, Benoît Mouton, notaire à Gap.

vril. Contrat de mariage entre noble Claude Amat, fils d'Étienne Amat, de Lazer, et Claudine de Grimaud, fille de Pierre de Grimaud et de Louise de Grimaud, de Ventavon. En présence de Balthazard de Moustiers, sieur de Gargas, chevalier de l'ordre du roi. Ventavon, Jean Cheval, notaire.

ût. Transaction et partage entre Jeanne Amat, fille de Mathieu Amat, sieur du Lauza, notaire et procureur à Gap, et d'Ysabelle Vallin, et Catherine Amat, sa sœur, femme de Bernardin Bonnet, notaire à Gap, à propos de la succession paternelle. Il en résulte qu'elles ont été sous la tutelle de Pierre Amat, leur oncle. Gap, Armand, notaire.

llet. Contrat de mariage entre André Amat, fils de Claude Amat, notaire, et de Claudonne Méyère, d'Upaix, et Madeleine Flour, fille de Balthazard Flour et de Marguerite Blain. Rourebeau, Jean Nebon, notaire de Ventavon.

obre. Lettre de Pierre Scarron, évêque de Grenoble, à M. d'Erbault, sur l'opposition que Jacques Amat, syndic des communautés villageoises, met au départ pour Paris d'une députation, que l'évêque et lui jugeaient inutile et dangereuse. Grenoble.

nai. Acte d'association faite entre Jacques Amat, sieur de Pierrelanes, et André Amat, sieur de Costegiraud, du consentement de Claude Amat, leur père, mettant en commun tous leurs biens pour faire des affaires de banque et de finance et partager également le gain et la perte. Upaix, Flour, notaire.

nai. Contrat de mariage de Benoît Amat, fils de Claude Amat, avec Marie Isaac, fille de Jacques Isaac et de Marguerite Reynier, du Saix. L'épouse reçoit sept mille livres de dot. Le Saix, Étienne Marcellin, notaire.

obre. Donation de tous ses biens entre vifs par Jacques Isaac, à son gendre Benoît Amat, fils de Claude Amat. Upaix, Jean Nebon, notaire.

nai. Procès-verbal d'une séance des États du Dauphiné avec des discours prononcés par Jacques Amat, châtelain d'Upaix, syndic des villages, et Claude Brosse, aussi syndic des villages. Contresigné : Basset.

nai. Vente à André Amat, sieur de Costegiraud, par les consuls d'Upaix, du droit seigneurial de neufvain, pour six ans et pour le prix de 9,150 livres. Upaix, Flour, notaire.

vrier. Obligation de 9,311 livres passée en faveur de Marie Castillon, de Gap, par Claude Amat, conseiller du roi et lieutenant en l'élection de Gap; Jacques Amat, sieur de Pierrelanes, capitaine du roi à Upaix et lieutenant au gouvernement de Château-dauphin, et André Amat, sieur de Costegiraud, sergent-major de la ville de Gap. Gap, Gruynat, notaire.

uillet. Lettres patentes de Louis XIII nommant André Amat, sieur de Costegiraud, receveur ancien alternatif et triennal des aides, taillon et tailles de l'élection de Gap. Grenoble.

Acte d'adoption par Jacques Isaac, du Saix, de son gendre Benoît Amat, en présence de Daniel de Philibert, sieur de Sainte-Marguerite, vibailli de Gap.

ctobre. Obligation passée par Anne de Martin, veuve de noble Jacques de Lévis, sieur de Montredon, habitant à Upaix, en faveur du capitaine André Amat, sieur de Coste-giraud, d'une somme de 45 écus. Upaix, Legier, notaire.

6

1632, 31 décemb. Lettres patentes de Louis XIII réhabilitant dans sa noblesse Claude Amat, conseiller du roi et lieutenant en l'élection de Gap, et Gabriel Amat, notaire à Cadenet, tous deux petits-fils de Jacques Amat, écuyer, qui eut deux fils Étienne et Pierre Amat, le premier père de Claude, le second père de Gabriel Amat. Leurs ancêtres étaient de race noble et avaient vécu noblement jusqu'au moment où ils ont été pourvus l'un et l'autre d'un office de notaire. Saint-Germain.

1633, 29 janvier. Attestation par les consuls d'Upaix et l'assemblée générale de cette communauté de l'ancienne noblesse de Claude Amat, sieur de Costegiraud, et de ses fils, et déclaration qu'ils ne veulent apporter aucun contredit à la vérification des lettres de réhabilitation qu'ils ont obtenues du roi. Surlans, greffier.

1633, 4 février. Testament de noble Claude Amat, sieur de Costegiraud, conseiller du roi et lieutenant en l'élection de Gap aux montagnes du Dauphiné. Il élit sa sépulture dans l'église d'Upaix; fait des legs à Claude Amat, prévôt de Chardavon, Benoît Amat, receveur en l'élection de Gap, Antoine Amat, receveur en l'élection de Die, ses fils. Fait ses héritiers universels Jacques Amat, lieutenant du roi au Châteaudauphin et André Amat, sergent-major de la ville de Gap, ses autres fils. Constitue un douaire à Claudine de Grimaud, sa femme. Upaix, Étienne Legier, notaire.

1634, 30 mai. Attestation des consuls et conseil général de Cadenet, en faveur de Jacques Amat, sieur de Pierrelanes, fils de Claude Amat, et de Gabriel Amat, fils de Pierre Amat, de leur ancienne noblesse et déclaration qu'ils ne s'opposent pas à la vérification des lettres de réhabilitation qu'ils ont obtenues. Buis, notaire.

1634, 10 juin. Entérinement et vérification par le Parlement de Provence à la requête de Jacques Amat, sieur de Pierrelanes, et de Gabriel Amat, de Cadenet, des lettres de réhabilitation qui leur ont été accordées par le roi. Aix, en Parlement.

1634, 14 juin. Quittance de 50 livres donnée par Antoine Calquier à Jacques Amat, sieur de Pierrelanes, tant en son nom qu'en celui de ses frères et de Gabriel Amat, pour les frais de la précédente vérification. Aix.

1636, 28 juin. Lettres patentes de Louis XIII au Parlement de Paris, lui attribuant à l'avenir le jugement de toutes les causes de Jacques Amat, capitaine du château d'Upaix, député des villes et communautés du Dauphiné, Benoît Amat, receveur des tailles en l'élection de Gap, son frère, Jean Souchon de Bellevue, son beau-père, et Balthazard du Faur, son beau-frère. Paris.

1637, 23 juin. Acte d'association fait entre Jacques Amat, sieur de Pierrelanes, André Amat, sieur de Costegiraud, et Benoît Amat, frères, à l'effet d'exercer en commun les trois offices de receveurs particuliers en l'élection de Gap, fournir les étapes, rembourser les communautés qui ont souffert du passage des gens de guerre et exploiter la forêt de Rabou appartenant au chapitre de Gap. Paris.

1637, 8 septemb. Acte d'association entre Benoît Amat, écuyer, conseiller du roi, receveur en l'élection des Montagnes, et Antoine Amat, écuyer, conseiller du roi et lieutenant en ladite élection, frères, pour l'acquisition de l'office du siège présidial de Gap ou Embrun, de nouvelle création. Le Saix.

1638, 8 septemb. Achat par Jacques Amat, capitaine châtelain d'Upaix, lieutenant du roi au Châteaudauphin, de la terre delphinale de Montalquier, près de Gap, pour la somme de 8,400 livres, ensuite de l'ordre d'aliénation donné à cet effet par le roi à la Chambre des comptes. Grenoble. Signé : Frère, Simiane, Servien, de Chaulnes, la Baulme.

1639, 23 décemb. Achat par noble Jacques Amat, écuyer, lieutenant pour le roi au Châteaudauphin, seigneur de Montalquier, de la terre de Rabou et Chaudun, avec droit de justice, appartenant au chapitre de Saint-Arnoul de Gap, pour la somme de 18,400 livres.

1640, 21 janvier. Achat de la baronnie du Poët avec droit de justice par noble Jacques Amat, seigneur de Montalquier, Rabou et Chaudun, à noble et puissante dame Hélène de Rame, dame des Crottes et de la Beaumette, fille de messire Mathieu de Rame, gouverneur de Digne.

rier. Acte de subrogation par noble André Amat, sieur de Costegiraud, sergent-major de la ville de Gap, à noble Jacques Amat, seigneur de Montalquier, le Poët, Rabou et Chaudun, de la terre delphinale d'Upaix, qu'il avait acquise, le 30 janvier 1640, d'Anne de Comboursier, femme de noble Claude de Flotte, seigneur de Saint-Pierre d'Argençon, pour le prix de 11,350 livres. Il se réserve toutefois quelques droits seigneuriaux. Vienne, Faure, notaire.

ai. Acte d'association entre Jacques Amat, écuyer, seigneur du Poët, agissant au nom d'André, Benoît et Antoine Amat, ses frères, et Philibert Perrachon, sieur du Saou, et Marc-Antoine Perrachon, sieur de Quint, frères, pour l'exploitation de la ferme des gabelles de Dauphiné et Provence et de la douane de Valence. Paris, Denose et Vautier, notaires.

rier. Vente par noble Antoine Amat à noble Benoît Amat, son frère, des droits qu'il avait sur la charge de trésorier provincial de l'extraordinaire des guerres, la charge de lieutenant en l'élection de Gap, la prévôté du présidial de Gap, moyennant 72,000 livres. Avignon, Bertinet et Ducros, notaires.

oût. Inventaire des meubles, bijoux et vases sacrés donnés par noble Jacques Amat, gouverneur de Châteaudauphin, seigneur de Montalquier, le Poët, Rabou et Chaudun, à l'église du Poët, par l'entremise de dame Isabeau de Sochon de Bellevue, sa femme. Le Poët.

emb. Reconnaissance par messire Claude Amat, aumônier du roi, prévôt de Chardavon, à noble Jacques Amat, son frère, seigneur du Poët, d'une somme de 4,000 livres qu'il a payée pour lui à M. de Birague, ancien prévôt de Chardavon.

rier. Requête par noble Benoît Amat, trésorier de l'extraordinaire des guerres, à noble Adrien Prunier, sieur de Lens, conseiller au Parlement, lui demandant de s'abstenir dans les causes qui le concernaient et qui par lettres royales étaient évoquées au Parlement de Paris. Et plainte du même de ce qu'au lieu d'obtempérer à cette requête ce magistrat l'avait menacé de le faire emprisonner. Gap.

ars. Requête par noble Benoît Amat, trésorier de l'extraordinaire des guerres, à noble Humbert de Chapponay, sieur de Saint-Bonnet, et noble Gaspard Bouffier, conseiller et avocat général au Parlement, leur demandant de s'abstenir dans les causes qui le concernaient, qui étaient évoquées au Parlement de Paris par lettres du roi. Gap.

vier. Lettres patentes de Louis XIV confirmant les lettres du roi son père qui évoquent au Parlement de Paris toutes les causes concernant Jacques, André, Claude, Benoît et Antoine Amat, frères. Paris.

ril. Arrêt du Conseil d'État faisant inhibition et défense à la cour de Parlement de Dauphiné de prendre connaissance d'aucune des affaires de Benoît Amat et de ses frères, et cassant les procédures commencées, comme entachées de haine et partialité. Paris.

llet. Achat par noble Benoît Amat, trésorier de l'extraordinaire des guerres, à noble Charles de Gruel, seigneur de Laborel et Villebois, de la seigneurie de Sigoyer, au diocèse de Gap, pour 115,000 livres. Gap, Borel, notaire.

llet. Promesse de mariage souscrite par Charles de Gruel, seigneur et baron du Saix, gouverneur de la ville et bailliage de Gap, en faveur de damoiselle Louise Amat, fille de noble Benoît Amat, seigneur de Sigoyer, et de Marie Isaac.

ai. Testament de Jacques Isaac, par lequel il fait Benoît Amat, son gendre, son héritier universel. Sigoyer, Borel, notaire.

1645, 31 mai.	Achat par noble Benoît Amat, seigneur de Sigoyer, à noble François de Revillasc, seigneur d'Aspres, Chabestan et Montbrand, de la terre de Chabestan, moyennant 24,000 livres. Sigoyer, Borel, notaire.
1645, 8 juillet.	Lettres patentes de Louis XIV, faisant remise pleine et entière à Benoît Amat, écuyer, trésorier de l'extraordinaire des guerres, de tous les droits et lods qu'il doit pour l'acquisition de la terre de Chabestan. Paris.
1645, 18 octobre.	Hommage et reconnaissance par les consuls de Chabestan, à noble Benoît Amat, leur seigneur. Chabestan, Pierre Alméras, notaire.
1646, 19 janvier.	Hommage prêté par noble Benoît Amat, seigneur de Sigoyer, conseiller du roi, trésorier de l'extraordinaire des guerres, entre les mains de Denis Salvaing de Boissieu, premier président de la Chambre des comptes, pour la terre de Chabestan. Grenoble.
1646, 19 janvier.	Investiture accordée à noble Benoît Amat, par la Chambre des comptes de Dauphiné, de la terre de Chabestan pour laquelle il a prêté hommage. Grenoble.
1646, 8 novemb.	Procuration donnée par Jacques Amat, sieur de la Peyrouse, fils d'Étienne, de Ventavon, demeurant à Savines, à son gendre Jean Collombon, pour le représenter au contrat de mariage de Balthazard Amat, sieur de la Peyrouse, avec Anne Carelle, fille de Jacques. Upaix, Fulcon, notaire.
1646, 14 novemb.	Lettres de retenue accordées à Jacques Amat, écuyer, seigneur du Poët, d'un office de maître d'hôtel ordinaire du roi, contresignées Guénegaud. Paris.
1647, 6 octobre.	Lettres royales investissant Jacques Amat, écuyer, seigneur du Poët, conseiller du roi, d'un office de conseiller d'état ordinaire du roi et de ses finances, contresignées Guénegaud. Paris.
1648, 10 mai.	Contrat de mariage entre Jean Amat, fils de noble Gabriel Amat, de Cadenet, et Françoise de Gavaudan, avec Marie Amy.
1650, 12 août.	Lettres royales nommant Claude Amat, sieur du Vivier, sergent-major de la ville de Gap, à la suite de la démission d'André Amat, sieur de Costegiraud, son père, contresignées Le Tellier. Libourne.
1651, 15 juillet.	Contrat de mariage entre noble Benoît Amat, écuyer, seigneur de Sigoyer et de Chabestan, conseiller du roi, trésorier de l'extraordinaire des guerres, et damoiselle Virginie de Vignon du Mas, fille d'Antoine de Vignon, sieur du Mas, par l'entremise de Marie de Vignon, marquise de Treffort, veuve du connétable de Lesdiguières, tante de la mariée, et de Pierre le Goux de la Berchère, premier président du Parlement. La mariée reçoit 24,000 livres de dot. Grenoble, Froment, notaire.
1652, 14 février.	Contrat de mariage de noble Antoine Amat, seigneur de Graveson, conseiller secrétaire du roi et de ses finances, trésorier de France, fils de feu Claude Amat, avec damoiselle Marguerite de Breton de Crillon, fille de Messire Louis de Breton, seigneur et marquis de Crillon, et de marquise d'Albertas. Avignon.
1652, 21 juin.	Contrat de mariage de Claude de Castellane, seigneur de Tournon et Saint-Laurent, fils de François de Castellane et de Jeanne de Valavoire, avec Louise Amat, fille de noble Benoît Amat, seigneur de Sigoyer, et de Marie Isaac.
1652, 28 juillet.	Ordonnance de Pellot, intendant du Dauphiné, déclarant Claude et Jacques Amat de bonne et ancienne noblesse. Grenoble.
1652, 6 octobre.	Certificat de mariage de Messire François-Auguste de Valavoire, marquis de Volx, maréchal des camps et armées du roi, et de dame Marie Amat, fille de Jacques Amat, conseiller du roi, seigneur du Poët, et d'Élisabeth de Souchon de Bellevue, béni par Nicolas de Valavoire, évêque de Riez. Paris, paroisse Saint-Germain-l'Auxerrois.
1655, 24 mars.	Vente par le chapitre Saint-Arnoul de Gap à noble Jacques Amat, écuyer, baron du Poët, d'une rente de 1,170 livres pour la somme de 23,400 livres provenant de la

vente de la terre de Rabou et Chaudun faite le 23 décembre 1639. Gap, Alix, notaire.

vier. Contrat de mariage de noble Jean de Forbin, seigneur des Solliers, et de Françoise Amat, fille de noble Jacques Amat, baron du Poët. Paris, Icotre et Saronet, notaires.

emb. Requête de Messire Antoine Amat, abbé de Clausonne, prieur de Vitrolles depuis le 11 avril précédent, relative à un procès qu'il avait intenté aux habitants à cause des dîmes.

emb. Transaction entre Jacques Amat, baron du Poët, et les consuls et habitants de cette baronnie, relativement aux fours banaux qui paieront au seigneur un droit du quarantième et aux moulins banaux qui lui paieront un droit du vingt-troisième. Meisson, notaire.

amb. Achat par Messire Antoine Amat, abbé de Clausonne, prieur de Vitrolles, Upaix et Châteauregnaud, à Sébastien Lantois, seigneur de Villosc, d'une terre à Upaix, qu'il avait acquise lui-même de François d'Agoult pour le prix de 1,200 livres. Upaix, Fulcon, notaire.

rier. Acte d'association entre noble Antoine Amat, conseiller du roi, trésorier de l'extraordinaire des guerres, Jean Hérauld, sieur de Grouville, conseiller, secrétaire du roi, Jean Long-Bérard, seigneur d'Illins, Barthélemy Rolland, conseiller, secrétaire du roi, Pierre d'Allibert, conseiller du roi, et de son altesse royale, Bernard d'Elleirac, commissaire général des finances à Montpellier, et François Le Blanc, maître d'hôtel du roi, pour exploiter la ferme des gabelles du Dauphiné, Provence et douane de Valence qui leur ont été adjugées le 28 janvier 1660. Paris, Mosnier, notaire.

ai. Testament de Messire Jacques Amat, chevalier, baron du Poët et d'Avançon, seigneur de Châteaurenard, Montalquier et autres lieux. Il constitue un douaire à Isabeau de Souchon de Bellevue, sa femme; fait des legs à Marie Amat, épouse du marquis de Valavoire, à Françoise Amat, épouse du marquis de Solliers, à Angélique Amat, ses filles, la dernière non encore mariée, et à Pierre Amat, son fils cadet. Il fait Claude-Noël Amat, son fils aîné, son légataire universel. Il élit sa sépulture dans l'église Saint-Germain-l'Auxerrois. Paris, Le Normand et Mosnier, notaires.

nai. Codicille de Messire Jacques Amat, par lequel il modifie quelques-unes des dispositions secondaires du testament précédent. Paris, Le Normand et Mosnier, notaires.

ai. Billet de faire part des obsèques de Messire Jacques Amat, baron du Poët et d'Avançon, seigneur de Châteaurenard et autres lieux, conseiller du roi, en ses conseils, secrétaire de sa majesté, maison, couronne de France et de ses finances, etc.

ût. Lettres patentes de Louis XIV nommant Pierre Amat, sieur de Montalquier, ancien capitaine de chevaulégers du régiment du cardinal Mazarin, son lieutenant au gouvernement de Châteaudauphin, vacant par la mort de son père, contresignées Le Tellier. Paris.

Lettres royales enjoignant au Parlement de Paris de revoir les comptes réciproques de Benoît Amat, seigneur de Sigoyer et Chabestan, de Claude Amat, sieur du Vivier, gouverneur du château de Mévouillon, comme héritier de feu André Amat, sieur de Costegirand, son père, de feu Jacques Amat, baron du Poët, et d'Antoine Amat, sieur de Graveson, à l'occasion des diverses associations qui ont été faites entre eux à partir de 1625 pour la ferme de divers impôts. Paris.

Requête de sauvegarde présentée par noble Benoît Amat, seigneur de Sigoyer et Chabestan, à la cour du Parlement, à la suite des menaces proférées contre lui par Charles, Étienne et Alexandre de Gruel, seigneurs du Saix, Champerose et Villebois.

in. Requête de noble Jacques Amat, écuyer, fils de Benoît Amat, seigneur de Sigoyer et de Chabestan, au Parlement de Dauphiné, lui demandant de se dessaisir de la procédure commencée contre lui par le procureur général, à la suite de son duel avec

M. du Saix, du mois de janvier précédent, toutes les affaires de son père et de sa famille étant évoquées au Parlement de Paris. Paris.

1661, 12 avril. Ordonnance des commissaires généraux pour la recherche des usurpations de noblesse, autorisant Alexandre Amat, écuyer, sieur du Plan, à faire copier les documents sur sa famille étant entre les mains de Claude-Noël Amat, son cousin, conseiller au Parlement de Metz, pour prouver sa noblesse. Paris.

1662, 19 juin. Acte d'André Chouart, seigneur de Buzenval, et d'Angélique Amat, son épouse, par lequel ils déclarent qu'ils renoncent à la succession de noble Jacques Amat, leur beau-père et père, pour s'en tenir aux legs qui leur ont été faits par son testament. Paris, Monsnier, notaire.

1662, 10 décemb. Testament de dame Isabeau de Souchon de Bellevue, veuve de Messire Jacques Amat, seigneur du Poët, dans lequel elle fait des legs à Claude-Noël et Pierre Amat, ses fils, à Angélique Amat, femme d'André Chouart, marquis de Buzenval, à Marie Amat, femme du marquis de Valavoire, et à Françoise Amat, femme du marquis de Sollièrs, ses filles, et élit sa sépulture dans l'église Saint-Germain-l'Auxerrois. Paris, Gossuin et Monsnier, notaires.

1663, 24 janvier. Hommage prêté à la Chambre des comptes de Provence, par noble Antoine Amat, à raison de la terre de Graveson. Aix.

1663, 4 septemb. Quittance par dame Jeanne de Bernard, veuve d'Antoine de Castellane, sieur de Salernes, à Georges Armand de Châteauvieux, agissant au. nom des marquis de Valavoire, de Sollières et de Buzenval, d'un legs à elle fait par dame Isabeau de Souchon de Bellevue, veuve de noble Jacques Amat, baron du Poët. Le Poët, Fulcon, notaire.

1665, février. Testament de Messire Claude Amat, aumônier du roi, prévôt de Chardavon, faisant ses neveux, fils de Benoît et Jacques Amat, héritiers. Sisteron, Ricaudy, notaire.

1665, avril. Prise de possession par Messire Claude Amat, clerc tonsuré, fils de noble Benoît Amat, chanoine de la prévôté de Chardavon, recteur des chapelles de Sainte-Anne des Agraniers, à Upaix, de Notre-Dame de Consolation et de Sainte-Catherine, à Lazer, du prieuré de Saint-Jacques, à Upaix.

1665, 17 août. Arrêt du Parlement de Paris faisant défense aux consuls du Saix de comprendre dans leur cadastre les biens de noble Benoît Amat, seigneur de Sigoyer et Chabestan. Paris.

1667, 21 juillet. Attestation par François du Gué, intendant du Dauphiné, que noble Benoît Amat, seigneur de Sigoyer et Chabestan, a justifié sa noblesse par-devant maître Jacques d'Ouvreloeil, commis par le roi pour en rechercher les usurpations. Grenoble.

1667, 22 octobre. Attestation et arrêt de la Chambre des comptes de Provence, en faveur de noble Antoine Amat, seigneur de Graveson, qui a justifié sa noblesse. D'André, commissaire.

1668, 31 août. Ratification par noble Claude Noël Amat, seigneur et baron du Poët, Châteaurenard, Avançon et autres places, conseiller du roi en son Parlement de Metz, secrétaire de sa majesté, maison et couronne de France, d'un acte de garantie donné en son nom par noble Jean de Souchon de Bellevue, son aïeul. Château des Consis au Poët. Guigues, notaire d'Upaix.

1669, 10 juin. Contrat de mariage entre noble Jacques Amat, sieur de Sigoyer, fils de Benoît Amat, seigneur de Sigoyer et Chabestan, et Anne de Gauville de Javersy, fille de noble François de Gauville.

1669, 5 juillet. Enquête par Antoine Gontard, juge, sur des abus de confiance commis au préjudice de noble Benoît Amat, représenté par Henri Amat, sieur du Lauza, de Lazer, par un de ses fermiers des biens de Chabestan. Chabestan.

1670, 7 mars. Transaction par noble Jacques Amat, sieur de Sigoyer, représentant Benoît Amat, son père, avec les dames du couvent de la Visitation de Sisteron, à propos des dots de Claude-Élisabeth, Jeanne-Lucrèce, Anne-Augustine, Marie-Louise Amat, ses filles, qui y étaient religieuses, et de Madeleine-Séraphique Amat, qui y est morte. Il leur cède diverses rentes en argent ou en nature qui lui sont dues. Approuvée par sœur Marguerite-Séraphique de Bonfils, supérieure. Sigoyer, Taix, notaire.

ab.   Transaction consentie par dame Marie Amat, femme de Messire François-Hugues de Valavoire, marquis de Volx, lieutenant-général des armées du roi, gouverneur de Sisteron, avec son neveu Claude-Noël Amat, baron du Poët, sur l'héritage de Pierre Amat, seigneur de Montalquier, son frère, décédé, et sur celui de Jean de Souchon de Bellevue, son grand-père, également décédé. Volx, Jean Besson, notaire.

ab.   Testament de noble Benoît Amat, écuyer, seigneur de Chabestan et Sigoyer ; faisant des legs à Françoise et Suzanne Amat, ses filles, à Louise Amat, femme de Claude de Castellane, sieur de Tournon et Saint-Laurent, son autre fille, à Virginie de Vignon du Mas, sa femme. Parlant du décès de Benoît et Catherine, ses enfants. Excluant Claude Amat, époux de Marie Peise, son fils, pour cause d'indignité, et Isabeau, Jeanne, Anne et Marie-Anne, ses filles, entrées en religion. Il fait héritier universel son fils aîné Jacques Amat et élit sa sépulture dans l'église de Saint-Pierre de Sigoyer. Sigoyer.

er.   Donation entre vifs de tous ses biens par noble Benoît Amat, seigneur de Sigoyer et Chabestan, à noble Jacques Amat, sieur de Sigoyer, son fils émancipé, s'en réservant la jouissance. Sigoyer, Escallier, notaire.

ur.   Contrat de mariage entre noble François Icard de Pérignan, fils de Nicolas Icard de Pérignan et de Marie d'Antonelle, et damoiselle Françoise Amat de Graveson, fille de noble Antoine Amat, seigneur de Graveson, et de Marguerite de Breton de Crillon. Avignon, Mercurin, notaire.

t.   Requête de noble Jacques Amat, seigneur de Sigoyer et Chabestan à du Gué, intendant en Dauphiné, lui demandant de faire défense aux consuls du Saix de le cotiser dans leurs rôles de tailles et de le rechercher sur sa noblesse.

t.   Déclaration par laquelle Jean Amat, fils de feu Claude Amat, reconnaît que la terre qu'il a acquise d'Antoine Amat, de Lazer, l'a été pour le compte de son frère Étienne Amat, sieur du Lauza, procureur au Parlement de Grenoble. Ventavon, Legier, notaire.

   Ordonnance de François du Gué, intendant du Dauphiné, enjoignant aux consuls du Saix de rayer la cote qu'ils avaient inscrite sous le nom de Jacques Amat au rôle de leurs tailles, ou au nom de Benoît Amat, son père, mort en février 1673, comme étant de bonne et ancienne noblesse. Grenoble.

t.   Hommage prêté par noble Jacques Amat, seigneur de Sigoyer et de Chabestan, en la Chambre des comptes du Dauphiné pour raison de ces deux fiefs. Grenoble.

t.   Inventaire général des biens meubles et immeubles délaissés à sa mort par noble Benoît Amat, seigneur de Sigoyer et Chabestan, et particulièrement des meubles, armes, tentures et argenterie du château de Sigoyer.

   Déclaration d'Antoine Gay, de Sigoyer, qu'il n'a enchéri dans la vente faite ensuite du décès de noble Benoît Amat, dont l'hérédité avait été acquise par noble Jacques Amat, son fils, sous bénéfice d'inventaire, que au nom et pour le compte dudit Jacques Amat. Sigoyer.

t.   Contrat de mariage passé entre noble Claude-Noël Amat, chevalier, seigneur et baron du Poët, Châteaurenard, Montalquier, Rabou, Chaudun et autres lieux, fils de feu Jacques Amat et d'Élisabeth de Souchon de Bellevue, et damoiselle Catherine Le Maire, fille de feu Jean Le Maire, écuyer, conseiller et secrétaire du roi, maison et couronne de France, et Marguerite Besnard. La mariée reçoit une dot de 70,000 livres. Paris, Besnard et Gilles, notaires.

1679, 27 juillet.	Hommage, aveu et dénombrement par noble Jacques Amat, fils de feu Benoît Ama pour les seigneuries de Sigoyer et Chabestan.
1680, 22 août	Procuration générale donnée par noble Claude-Noël Amat, chevalier, seigneur d Poët, à Étienne de Guers, gentilhomme ordinaire du roi, pour administrer tous se biens. Paris, Benoît et Serret, notaires.
1681, 3 juin.	Cession et vente par noble Jacques Amat, seigneur de Sigoyer et Chabestan, Étienne de Guers, gentilhomme ordinaire du roi, de la terre de Sigoyer, pour en jou à condition de payer les dettes de la succession de noble Benoît Amat, père du ven deur. Témoins : Louis du Serre, prieur de Tallard, doyen du chapitre de Gap, Melchior d'Agoult, prieur de Sigoyer. Sigoyer, Gay et Tanc, notaires.
1681, 30 juin.	Testament de dame Anne de Gauville de Javersy, dame de Sigoyer et de Chabesta épouse de noble Jacques Amat, seigneur desdits lieux. Elle élit sa sépulture dans chapelle de Notre-Dame de Consolation, à Sigoyer, elle fait des legs à Françoi Amat, sa belle-sœur, et institue son mari pour son héritier universel. Sigoyer.
1681, 14 décemb.	Procuration donnée par demoiselle Suzanne Amat, à son frère noble Jacques Am seigneur de Sigoyer et Chabestan, pour la représenter dans la liquidation de la s cession de Benoît Amat, leur père. Sigoyer, Gay, notaire.
1682, 7 août.	Testament ou codicille de dame Anne de Gauville de Javersy, épouse de nob Jacques Amat, seigneur de Sigoyer et Chabestan, par lequel elle le fait son hérit universel à l'exclusion de tout autre. La Palisse, Perrot, notaire.
1684, 2 mars.	Acte de subrogation par Jacques Armand, de noble Jacques Amat, dans la terre Chabestan qu'il avait acquise, le 29 janvier précédent, dans la vente des biens de Benoît Amat. Gap, Tomé, notaire.
1684, 16 mars.	Mise en possession de noble Jacques Amat, seigneur de Sigoyer et Chabestan, d la terre de Chabestan. Gap.
1684, 31 octobre.	Cession par demoiselle Françoise Amat, à noble Jacques Amat, seigneur de Sigo et Chabestan, son frère, de tous ses droits dans l'héritage de leur père moyenn 500 livres. Gap, Armand, notaire.
1688, 17 novemb.	Testament de noble Jacques Amat, sieur du Brusset ; il élit sa sépulture d l'église d'Upaix ; fait des legs à Étienne Amat, sieur du Vivier, Antoine, Margue et Virginie Amat, enfants de Claude Amat, sieur du Vivier, et ses neveux et nièce Isabeau Amat, femme de Boniface de Joannis, sieur de la Brillane, sa sœur. Lucrèce de Brunel, sa femme, son héritière universelle à moins de survenance d fants. Témoins : Benoît Amat, sieur de la Plaine, cousin du testateur. Upaix, Fl notaire.
1688, 17 novemb.	Testament de dame Lucrèce de Brunel, femme de noble Jacques Amat, sieur Brusset, par lequel elle fait son mari son héritier universel, sauf en cas de surven d'enfants. Upaix, Flour, notaire.
1689, 27 septemb.	Transaction entre Angélique Amat, épouse de Messire André Chouart, cheva marquis de Buzenval, capitaine des gendarmes de la garde, Marie Amat, épous François-Auguste de Valavoire, chevalier, marquis de Volx, lieutenant général armées du roi, gouverneur de Dampvilliers, Françoise Amat, épouse de Jea Forbin, chevalier, marquis de Solliers et Pontamousson, et Bénigne Dujardin, seiller du roi, auquel elles cèdent une portion des revenus des salines d'Hyères éteindre une dette provenant de la succession paternelle. Paris, de Moncel et Clém notaires.
1689, 6 octobre.	Transaction entre noble Jacques Amat, sieur du Brusset, et Isabeau Amat, sa s veuve de Boniface de Joannis, sieur de la Brillane, premier avocat général au P ment de Provence, à propos d'une donation avec constitution de rente qu'il lui a

faite en 1663 et qui était annulée en partie par la naissance de son fils venu au monde huit mois auparavant. Le Poët, Flour, notaire.

ctobre. Contrat de mariage entre noble Ignace Amat, seigneur de Graveson, et Françoise de Salvador, fille de noble Paul de Salvador. Avignon, Bellon, notaire.

août. Testament de noble Jacques Amat, seigneur de Sigoyer et de Chabestan ; il élit sa sépulture dans la chapelle de Saint-Antoine de Padoue qu'il a fait construire dans l'enclos de son château de Chabestan, fonde une messe pour le repos de l'âme d'Anne de Gauville, sa première femme ; fait des legs à Marie-Anne, Jean-Louis, François-Augustin, Jacques et Joseph Amat, ses enfants, ainsi qu'à Antoine-Ferdinand Amat, son fils aîné ; institue son héritière universelle Angélique de Gras de Prégentil, sa femme en secondes noces. Chabestan, dans le château, Armand, notaire de Gap.

nvier. Arrêt du Parlement annulant la vente de la seigneurie de Rabou et Chaudun faite par le chapitre de Gap en faveur de noble Jacques Amat, le 23 décembre 1639, cette aliénation excédant ce dont le chapitre peut disposer. Grenoble.

mars. Inventaire des biens, meubles et immeubles, dépendant de la succession de noble Jacques Amat, seigneur de Chabestan, entre autres du mobilier, tentures, armes et argenterie du château de Chabestan. Chabestan, Armand, notaire de Gap.

mars. Transaction entre Messire Jean de Pontevès, chevalier, seigneur de Tournon et Saint-Laurent, en qualité de mari de Marguerite de Castellane, fille de Louise Amat, fille elle-même de noble Benoît Amat ; Angélique de Gras de Prégentil, veuve de noble Jacques Amat, fils de noble Benoît Amat ; noble Balthazard de Fusier, fils et héritier de Françoise Amat, femme de César de Fusier, fille de noble Benoît Amat ; noble Claude Amat, fils du même ; Suzanne Amat, femme de noble Jacques Bouquin, seigneur de Pramure, leur sœur ; Rév. Mère Dorothée Civet, supérieure du monastère de la Visitation de Sisteron, relativement à la dot de dames Isabeau, Jeanne, Anne, Marie-Anne et Marie-Séraphine Amat, religieuses au couvent de Sainte-Marie de la Visitation de Sisteron, qui n'a pas été entièrement payée. Sisteron, à la Visitation. Bon, notaire.

mars. Certificat constatant que dame Angélique de Gras de Prégentil, veuve de noble Jacques Amat, a fait insérer l'écusson de ses armes dans l'armorial général ordonné par l'édit de novembre 1696. Total 23 livres 10 sols. Grenoble. Signé : Cocherel.

anvier. Requête au vibailli de Gap par dame Angélique de Gras de Prégentil, veuve de noble Jacques Amat, pour obtenir l'autorisation de toucher 1,200 livres pour sa part de la légitime d'Antoine-Ferdinand Amat, son fils aîné, récemment décédé. Gap.

mars. Testament d'illustre personne dame Marie Amat, marquise de Volx, veuve de Messire François-Auguste de Valavoire, marquis de Volx, gouverneur de Sisteron et de Damvilliers, lieutenant général des armées du roi ; elle élit sa sépulture dans l'église paroissiale de Volx ; fait des legs à François de Forbin de Solliers, Étienne Amat, seigneur de Montalquier, Guillaume et Prosper Chouart de Buzenval, ses neveux ; lègue le marquisat de Volx avec diverses sommes d'argent à noble Louis-Balthazard Amat, son neveu, fils de Claude-Noël Amat ; institue sa légataire universelle Angélique Amat, sa sœur, dame de Buzenval. Sisteron, Latil, notaire.

mai. Acceptation sous bénéfice d'inventaire par noble Benoît Amat, sieur de la Plaine, conseiller du roi, receveur des fermes au Poët, et Anne Flour, sa femme, de la succession de Claude Flour, leur beau-père et père, notaire à Upaix.

mai. Sommation par Angélique de Gras de Prégentil, veuve de noble Jacques Amat, et Suzanne Amat, veuve de Jacques Bouquin, seigneur de Pramure, à Virginie, Marie et Charlotte Amat, filles de Claude Amat, d'avoir à s'unir à elles pour faire remettre en discussion l'héritage de leur grand'mère Marie Isaac. Gap.

7

| 1704, 26 mai. | Transaction entre noble Jacques de Gruel, seigneur du Saix et Sigoyer, et Suzanne Amat, veuve de noble Jacques Bouquin, seigneur de Pramure, à propos des droits que Marie Isaac, mère de cette dernière, avait sur la terre de Sigoyer. Gap, Armand notaire. |

1707, 6 février. Contrat de mariage de Messire Louis-Balthazard Amat, chevalier, seigneur du Poët et Montalquier, assisté Messire Étienne Amat, son frère, capitaine de dragons du régiment du roi, avec demoiselle Louise-Élisabeth Thirement, fille de Louis Thirement, receveur des consignations à Paris, et d'Élisabeth Taillandier. Paris, Gondin, notaire.

1710, 25 juin. Procuration donnée par noble Bruno Agar, seigneur de Puyricard, à Louis de Vincens de Mauléon, lieutenant des galères, son beau-frère, à l'effet d'autoriser le mariage d'Hyacinthe, son fils, avec Marie-Anne Amat, fille de Jacques Amat.

1710, 2 juillet. Contrat de mariage entre noble Hyacinthe Agar de Puyricard, et Marie-Anne Amat fille de Jacques Amat; Au château du Poët, en présence de Louis Amat, frère de la mariée, de Balthazard Amat, baron du Poët, d'Amat de Costegiraud, d'Amat du Vivier, ses cousins. Achard, notaire.

1711, 9 novemb. Vente par Virginie Amat, femme de Jean Augier, de Chabestan, et Charlotte, sa sœur, à Messire Louis-Balthazard Amat, seigneur et baron du Poët, Montalquier et autres places, d'une pension que leur doit Messire Jean de Pontevès, seigneur de Bargème, pour la somme de 1,200 livres. Le Poët, château de Consis. Flour, notaire.

1712, 19 mai. Transaction entre noble et illustre seigneur Messire Jean-Louis Amat, de Chabestan, et noble Hyacinthe Agard de Puyricard, mari de Marie-Anne Amat, par laquelle le premier délègue une rente annuelle pour le paiement d'une somme de 2,000 livres qu'il devait aux autres. Cavaillon, Lieutard, notaire.

1713, 12 avril. Procuration générale donnée par noble Jean-Louis Amat, seigneur de Chabestan, son oncle Alexandre de Gras, seigneur de Saint-Maurice et le Souchier, pour gérer tous ses biens. Grenoble, Acarier, notaire.

1714, 28 avril. Procuration générale donnée par noble Hyacinthe Agar, chevalier, seigneur de Puyricard, à dame Marie-Anne Amat, son épouse, à l'effet de transiger avec ses cohéritiers relativement à la succession de Benoît Amat, son père. Cavaillon, Lieutard, notaire.

1714,11 septemb. Transaction entre noble Jean-Louis Amat, seigneur de Chabestan, capitaine de dragons, et Marie-Anne Amat, sa sœur, épouse d'Hyacinthe Agar, seigneur de Puyricard, par laquelle cette dernière reçoit quelques terres pour ses droits dans la succession de son père. Chabestan, Flour, notaire.

1719,11 novemb. Vente par Messire Louis-Balthazard Amat, chevalier, seigneur et marquis du Poët Montalquier et autres places, à très haut et très puissant seigneur monseigneur Camille d'Hostun, duc de Lesdiguières et de Champsaur, comte de Tallard, seigneur et baron d'Arlac, pair et maréchal de France, chevalier des ordres du roi, de la baronnie de Poët, moyennant 295,000 livres. Témoin : noble Étienne Amat, sieur du Vivier. Au château du Poët, Benoît et Flour, notaires.

1724, 10 juin. Contrat de mariage entre noble François-Palamède de Forbin, seigneur de Saint-Croix, et Marie-Françoise Amat, fille de noble Ignace Amat, seigneur de Graveson. Avignon, Félon, notaire.

1727, 9 juin. Enquête par-devant François Amat, sieur du Lauza, conseiller, secrétaire du roi, maison et couronne de France, greffier en chef de la cour du Parlement du Dauphiné sur la vie, mœurs et religion d'Antoine Marquis, avocat en la Cour. Grenoble.

1736, 27 décemb. Lettre d'Amelot de la Houssaye, à Monsieur de Fontanien, intendant du Dauphiné lui enjoignant de faire payer, sur l'ordre du contrôleur général, au marquis de Vol [*Balthazard Amat*] les sommes qui lui sont dues par les communautés de Gap et d'Upaix, comme héritier du baron du Poët, son père. Paris.

mars.   Ordonnance royale autorisant Guillaume Chouart, marquis de Buzenval, légataire de dame Marie Amat, sa tante, femme de François-Auguste de Valavoire, marquis de Volx, à assigner à deux mois Balthazard Amat, marquis de Volx, héritier de cette dame pour obtenir délivrance de son legs. Versailles.

août.   Contrat de mariage entre noble Pierre de Glandevez, seigneur de Niozelle, et Pauline Amat, fille de noble Claude-Noël Amat, baron du Poët.

août.   Conventions privées de mariage entre Jean Jaquemet, fils de François Jaquemet et de Catherine Farnaud, et Catherine-Émerentiane Amat, fille de Clément Amat, sieur du Lauza, procureur au Parlement, et Catherine Allard; la dot fut de 6,000 livres. Enregistrées le 20 juin 1768.

nvier.   Procuration donnée par Jean-François Jaquemet pour faire rédiger en acte public les précédentes conventions contenant des libéralités de noble François Amat, receveur des consignations à Grenoble, Chérubin Amat, sieur du Moulin, lieutenant de police de cette ville, Gabriel Amat, sieur de la Taurière, oncles de la future, de Gabriel Amat, secrétaire honoraire au Parlement, son grand-oncle, de François Amat, sieur du Lauza, secrétaire au Parlement, et de Benoît Amat, sieur du Villar, receveur des amendes à Grenoble, ses cousins. Tallard, Martin, notaire.

uillet.   Bulles de Benoît XIV nommant Joseph-Antoine Amat de Volx, archidiacre et vicaire général d'Arles, évêque de Senès. Rome, Sainte-Marie Majeure.

juin.   Lettres patentes nommant Benoît Amat, sieur du Villard, capitaine châtelain royal de la Balme. Données à Paris.

otemb.   Lettres patentes nommant Gaspard Amat, sieur de la Plaine, commissaire de la marine, conseiller au conseil supérieur de l'Ile-Bourbon, à l'office de grand-maître enquêteur et général réformateur des eaux et forêts en Dauphiné. Provence, Lyonnais, Beaujolais, Mâconnais, Forest et Auvergne. Données à Paris.

ctobre.   Testament de Clément Amat, par lequel il laisse une pension viagère à Anne-Christine Amat, sa fille, épouse de Jean-Antoine Boisset, secrétaire du Parlement, il fait des legs à ses petits-enfants issus des mariages de Jean Jaquemet et de Catherine-Émerentiane Amat et de Jean Rolland, et de Marie-Émerentiane Amat, et fait son héritière Catherine Allard, son épouse. Grenoble, Girard, notaire.

cemb.   Aveu et dénombrement à la Chambre des comptes du Dauphiné par Étienne-Ignace Amat, prieur et seigneur de Saint-André de Rosans.

uillet.   Bail à ferme des biens et revenus du prieuré de Montjay concédé à Jean-Joseph Amat, notaire à Ribiers, par Michel Bonnet, prieur, chanoine de Gap. Gap, Blanc, notaire.

oût.   Ordre par Gaspard Amat de la Plaine, chevalier, seigneur de Lieutel, conseiller du roi, grand-maître enquêteur et général réformateur des eaux et forêts de France, de faire délivrer quatre cents sapins à l'archevêque d'Embrun. Paris.

mars.   Procuration donnée par Émerentiane-Catherine Amat, épouse de Jean Jaquemet, à Jean-Jacques de la Bastie, avocat du roi à Gap, pour le représenter au contrat de mariage de son fils Clément Jaquemet avec Marie-Thérèse-Henriette Nas de Romane. Grenoble, Girard, notaire.

illet.   Transaction entre Marie-Émerentiane Amat, épouse de Jean Rolland; Marie-Brigitte-Émilie Rolland, sa fille, épouse de Joseph Faure; Marie-Rosalie et Marie-Anne Rolland, ses autres filles; Catherine-Émerentiane Amat, épouse de Jean Jaquemet; Jean-François Jaquemet, son fils; Julie-Gabrielle et Anne-Christine Jaquemet, ses filles; Louis-Pierre Rolland-Garagnol, mari de Marie-Catherine-Joséphine Rolland; Marie-Émerentiane Rolland, épouse de André-Barthélemy Fontaine; pour terminer un procès né à l'occasion de la succession de Anne-Christine Amat, leur sœur, belle-sœur et tante, épouse de Jean-Antoine Boisset. Grenoble.

An III, 14 germinal.	Jugement arbitral relatif aux successions de Jean-Joseph Amat et Claude-Siméon Amat, son fils, ancien député à l'Assemblée législative, rendu entre Rose et Marie-Anne, ses sœurs, Marie Bois, sa veuve, Jean-Joseph, Marie-Catherine-Delphine Claude-Siméon, Jean-Antoine, Victor, Caroline-Hélène, ses enfants mineurs, pa Claude Amat et Jean-Joseph Meissonnier, grands-oncles des mineurs. Ribiers.
1812, 9 juin.	Transaction entre Émerentiane-Catherine Amat, veuve de Jean Jaquemet, et so fils Clément Jaquemet, juge de paix à Tallard, sur les reprises et droits qu'elle à exercer sur la succession de son mari. Grenoble.
1815, 16 août.	Contrat de mariage entre Jean-Joseph Amat, avoué-avocat à Gap, fils de Claud Siméon Amat et d'Anne Bois, et Lydie Jaquemet, fille de Clément Jaquemet, juge paix à Tallard et d'Henriette Nas de Romane. Faure, notaire.
1839, 19 novemb.	Contrat de mariage entre Lydie Amat, fille de Jean-Joseph Amat, avoué à Gap ancien député des Hautes-Alpes et maire de Gap, et de Lydie Jaquemet, et Hi polyte-Jacques Roman, magistrat, fils de Joseph Roman, ancien chef de bureau a ministère des finances, et Alexandrine Ju des Retz. Gap, Blanc, notaire.
1842, 10 août.	Contrat de mariage entre Clément Amat, avocat à Gap, fils de Jean-Joseph Amat, e de Lydie Jaquemet, et Adèle Pinet de Manteyer, fille d'Édouard Pinet de Manteyer e d'Aimée d'Abon. Gap, Blanc, notaire.
1848, 20 juillet.	Testament de Jean-Joseph Amat, ancien député, ancien maire de Gap, chevalier de la Légion d'honneur.
1852, 25 janvier.	Contrat de mariage entre Marie Amat, fille de feu Jean-Joseph Amat, et de Lydie Jaquemet, avec Auguste Chauvet, avocat, fils de Joseph Chauvet et de Julie Bucelle Gap, Blanc, notaire.
1870, 30 avril.	Contrat de mariage entre Adine Amat, fille de Clément Amat, conseiller génér des Hautes-Alpes, chevalier de la Légion d'honneur, et d'Adèle Pinet de Manteyer, Henri Olive, rédacteur en chef de la *Gazette du Midi*. Gap, Gaignaire, notaire.

www.ingramcontent.com/pod-product-compliance
Lightning Source LLC
Chambersburg PA
CBHW072018290326
41934CB00009BA/2121